D1683715

Gerhard Klußmeier ∗ Kerstin Beck
„Sitz im Hotel ich weltverloren ..."

Karl May (1842-1912) um 1897/98

Gerhard Klußmeier * Kerstin Beck

„Sitz im Hotel ich weltverloren ..."

Karl Mays Reise 1898 nach Gartow, Kapern, Lenzen, Lanz und Schnackenburg...

... mit Aufenthalt in Lüchow, Salzwedel, Höhbeck und Dannenberg

Mit einem Vorwort von Dr. Johannes Zeilinger
Vorsitzender der Karl-May-Gesellschaft

Lumea Verlag

Lüchow

Deckel-Illustrationen: Martina Schmoll, Hamburg
unter Verwendung einer Aufnahme von Kerstin Beck

Foto Karl May: um 1897

Layout: Gerhard Klußmeier, Rosengarten
Lektorat: Kerstin Beck, Schnackenburg

Karl-May-Originalzitate in *kursiv* – Einfügungen und Auslassungen
bei Original-Texten sind durch [eckige] Klammern gekennzeichnet

Druck und Bindung: MHD, Hermannsburg

©
Lumea

Alle Rechte bei den Autoren und beim Verlag Lumea
DurchBlick Bärbel Wilgermein/Evi Binne GbR
Lange Straße 59, 29439 Lüchow
1. Auflage 2012
ISBN 978-3-942400-02-2

Inhalt

Vorwort von Dr. Johannes Zeilinger..................1
Sieben Tage im Leben Karl Mays....................5
„Old Shatterhand" in eigener Mission im Wendland..................7
An Stätten früheren Erzählungen........................12
Chronologie der Reise.............................13
Der Weg nach Gartow..............................16
Ganz bestimmt: eine Fahrt in „Meiers Pferde-Omnibus"..........24
Der Goldene Stern in Lenzen.......................25
Das Elbschlösschen...............................26
Ein Weg – literarisch vorgedacht.....................29
Von Lenzen nach Gartow............................31
Was führte Karl May zur „Thalmühle"?.................34
Die Ankunft in Gartow.............................36
Die Geschichte von Krug`s Hotel.....................39
Karl May und seine Bewunderer in Gartow – „Die Börse"..........43
Abenteuerliche Geschichten........................44
Und nun – die Junacks.............................48
„Dr." Karl May und Dr. Ernst Röhrs..................49
Eine gute Tat....................................59
Der Besuch in Capern..............................64
Die Poraths in Capern/Kapern.......................68
Das Geheimnis des kleinen Mädchens.................67
Karl May in Schnackenburg.........................70
Zur Geschichte des Gasthauses „Stadt Hamburg"
in Schnackenburg..................................71
Was führte Karl May nach Schnackenburg?.............72
Die Familie Hinnrichs in Schnackenburg..............73
Friedrich Hinnrichs – Lehrer in Gartow und Burgdorf..............74
Folgen einer guten Tat.............................75
Die Rückreise.....................................77
Das Hotel „Schwarzer Adler" in Salzwedel............79
Verlag und Buchhandlung Gustav Klingenstein in Salzwedel.....81
Nach Gartow: Karl Mays literarischer Neuanfang..........83
Noch einmal: Karl May und Gartow...................85
Holzherbst – Herbstholz............................88
Die Stätten der Karl-May-Reise heute................80
Erstes Intermezzo: Zeitensprung....................92
Zweites Intermezzo: Wo blieb die Familie Wäde?..........105
Karl May in unserer Heimat........................109
Karl May und „Der Alte Dessauer"...................113
Karl May: *Die Drei Feldmarschalls*.................121
Danksagung – Bildnachweise 172 / Anmerkungen 173

„Ich – – schreibe Bücher, Sennor, eine Beschäftigung, welche mich oft zwingt, mir auf Reisen den nothwendigen Stoff zu holen."

KARL MAY in *Ein Dichter* (1879)

„May auf Reisen"

Obgleich Karl May auf ganz verschiedenen literarischen Ebenen – etwa als Jugend- oder Kolportageschriftsteller – vorzügliche Werke schrieb, der große Erfolg, der ihn zum auflagenstärksten Schriftsteller deutscher Sprache werden ließ, kam mit einer Buchreihe, die er zunächst als Reiseromane, später als Reiseerzählungen bezeichnete. In diesen Bänden, die in ihrem grünen Leinengewand zu einem unverkennbaren Markenzeichen wurden, bereiste May in Gestalt seiner Lieblingshelden Old Shatterhand und Kara Ben Nemsi die Prärien Nordamerikas und Wüsten des Orients, und wir wissen, diese großen Reisen entsprangen der Phantasie des Schriftstellers. Mag diese fiktive Authentizität zu seinen Lebzeiten manchen Kritikern Anlass zur Polemik gegeben haben, so schätzen wir heute um so mehr Kraft und Fülle seiner erfundenen Reisen, mit denen May ein eigenes literarisches Genre – die Reiseerzählung mit dem Autor als Held des Geschehens – begründet hat.

Im Schatten dieser erfundenen Fahrten und Abenteuer standen Mays verbürgte Reisen, die den Schriftsteller auf der Höhe seines Erfolges zurück in Länder seiner Erzählungen führten. Mag die Konfrontation mit der Realität den Schriftsteller in eine persönliche Krise gestürzt haben – Stoff für weitere und wichtige Romane gaben ihm diese Erlebnisse doch. Karl May, und dies ist sicher, reiste immer gern, in der Phantasie wie in der Wirklichkeit. Die Forschung allerdings hat sich lange Zeit vornehmlich mit seinen erfundenen Reisen beschäftigt; die zahlreichen realen Fahrten und Ausflüge blieben so Stiefkind der Beschäftigung mit seiner Biografie. Hier setzt nun Gerhard Klußmeiers und Kerstin Becks Werk an, das exemplarisch eine dieser Reisen, die in Teilen zwar bekannt und dokumentiert war, präzise nachvollzieht, erforscht, opulent illustriert und dabei neue, auch überraschende Akzente setzt.

Als Karl May Ende April 1898 eine Reise in die westelbische Region zwischen Wendland und Altmark antrat, geschah dies – so der Schriftsteller – zu Studienzwecken. Er wollte, gestand er später dem Kapellmeister Carl Ball, „ein Buch über die Quitzows" schreiben, oder, wie er etwa seinem Verleger Friedrich Ernst Fehsenfeld nach Freiburg schrieb, Material für ein Theaterstück über den „Alten Dessauer" sammeln. Nun hatte May bereits in seiner Redakteurszeit für den Verlag H. G. Münchmeyer einen Roman über die märkische Adelsfamilie der Quitzows geschrieben, oder besser: ein Romanfragment verfasst, denn sein Werk knüpfte an einen unvollendeten Roman von Friedrich Axmann an und wurde später von Heinrich Goldmann fortgeführt. Mays Romanteil hieß *Der beiden Quitzows letzte Fahrten*, der Untertitel „Historischer Roman aus der Jugendzeit des Hauses Hohenzollern" verriet mehr über seine historische Verortung.

Nach der Reichseinigung 1870/71 hatten Romane Konjunktur, welche die Rolle des Hauses Hohenzollern in der Geschichte des Deutschen Reiches verklärten. Gefeiert wurden etwa die Taten des Nürnberger Burggrafen Friedrich von Hohenzollern, der vom Kaiser Sigismund mit der Mark Brandenburg belehnt worden war und dort gegen die raubritterartigen Adelsgeschlechter wie die der Quitzows Recht und Ordnung wiederherstellte. Doch diesen Gegensatz – hie guter und rechtschaffener Markgraf, dort räuberische und verschlagene Quitzows – hatte es so nie gegeben; die Geschichte Brandenburgs wurde damals mit populären kaisertreuen Farben aufkoloriert und da blieben für die Quitzows nur noch dunkle Farben übrig. Schon Karl Friedrich Klödens vierbändiges Werk über die Quitzows, das May als Quellenwerk benutzte, war eine Mischung aus Fakten und Fiktionen, und May entwickelte aus dieser Vorlage einen eigenständigen Roman, in der die Geschichte der Mark nur als Rahmen für eine überaus spannende Erzählung diente. Dieser Rahmen war aber hohenzollernfreundlich und May blieb dies auch sein Leben lang. Als er am 2. Mai 1898 in Lenzen ehemaliges Quitzowland betrat, war in der Mark das alte Adelsgeschlecht schon ausgestorben. Doch mit dem Besuch in der Kleinstadt an der Elbe kehrte er noch ein zweites Mal in die Heimat seiner Phantasie zurück. Denn hier spielte auch seine Novelle *Die drei Feldmarschalls*, deren Held eine der Lieblingsfiguren aus Mays Frühzeit als Schriftsteller war: Fürst Leopold I. von Anhalt-Dessau.

Es ist viel gerätselt worden über diese merkwürdige Sympathie, die der sächsische Schriftsteller May für den preußischen General empfand. Denn der „Alte Dessauer" war ein aufbrausender Grobian, dessen „Gewaltsamkeit", wie sein Biograf Varnhagen von Ense schrieb, „bis zur Unmenschlichkeit steigen konnte". Für Zivilisten – mochten sie auch von noch so hohem Adel sein – empfand er nur „beleidigende Geringschätzung", das siegreiche preußische Heer aber war sein Werk und so galt er als der fähigste Militär seiner Zeit. Der Dessauer diente drei Königen von Preußen in Krieg und Frieden, in 22 Schlachten und bei 27 Belagerungen erlitt er nur einmal einen Streifschuss, so galt er bei seinen Soldaten als kugelfest und mit Zaubermächten im Bunde. May aber war nie Soldat gewesen, die einzige Uniform, die er je trug, war das Kleid eines Sträflings. Als Knabe jedoch, so erinnerte er sich in seiner Autobiografie, nahm ihn sein Vater in die

Wälder um Ernstthal und exerzierte mit ihm: Der kleine Karl war die sächsische Armee, der Vater aber General. Und bei dem „jähen Temperamente" seines Vaters erfuhr er schon früh die Strenge der militärischen Disziplin: „Aber ich weinte bei keiner Strafe...". So mag May später in dem polternden Dessauer auch die Doppelnatur des eigenen Vaters wiederentdeckt haben: In einer rauen Schale verborgen glimmte bei beiden Menschlichkeit und Güte. Denn, so Varnhagen weiter über den Fürsten, mit „den Leuten aus dem Volke aber ... bezeigt er sich freundlich und zutraulich, wie er sich denn auch ihren Scherz gefallen läßt".

So populär der Alte Dessauer auch in Preußen war, in Mays Heimat, dem Königreiche Sachsen, schätzte man ihn gar nicht. Im Zweiten Schlesischen Krieg hatte er 1745 vor den Toren Dresdens in der Schlacht bei Kesselsdorf die Armeen Sachsen und Österreich geschlagen und damit den langen Krieg siegreich entschieden; nur wenig später musste Sachsen im Dresdner Frieden demütigende Reparationszahlungen und Handelsnachteile akzeptieren. Karl May, dessen Ernstthaler Geburtshaus gar nicht auf sächsischem Territorium, sondern auf dem Gebiet der Grafen von Schönburg stand, empfand kaum patriotische Gefühle oder gar Dankbarkeit gegenüber dem Königreich Sachsen. Er hatte ausgiebig die dunklen Seiten des Staates kennengelernt: Polizisten, Staatsanwälte, Richter, Kerker. Schon in seiner ersten Erzählung, *Die Rose von Ernstthal*, die er kurz nach seiner Entlassung aus dem Zuchthaus Waldheim geschrieben hatte, zeigte sich sein distanziertes Verhältnis zum heimatlichen Königreich. Denn die Geschichte spielt just zur Zeit des Zweiten Schlesischen Krieges und endet mit der Schlacht bei Kesselsdorf, mit Sachsens Niederlage und Demütigung, während der Held der Handlung, ein preußischer Offizier, die Liebe der schönen Auguste gewinnt. Ihr verspricht er, sie seinem Paten, dem siegreichen preußischen General vorzustellen, denn der „alte Degenknopf ... ist ein allerdings origineller aber bei aller Grimmfertigkeit doch guthmütiger Kopf."

Wurde in dieser Erzählung der Fürst von Anhalt-Dessau nur erwähnt, so machte ihn May zum Protagonisten von neun kleineren Erzählungen, die als Humoresken gelten und doch auch von schlimmen Zeiten erzählen – etwa von dem Treiben der Rekrutenwerber. Hier durfte nun aber der „Alte Dessauer" den sächsischen Werbern, „diesen Himmelhunden die Suppe versalzen, daß sie die Mäuler von Leipzig bis Merseburg verziehen sollen ... die Sachsen ... die Schurken ... solches Gelichter". Wir dürfen heute getrost annehmen, dass in diesen Worten May auch ein Urteil über die strengen Organe der sächsischen Staatsmacht abgab, die ihn mitleidlos für Hochstapeleien und kleine Betrügereien mit Gefängnis und Zuchthaus bestraften und so zu Tätern wurden, indem sie ihm sieben Jahre stahlen, die eigentlich zu den besten eines jeden Lebens zählen.

Literarisch blieb, wie wir wissen, Karl Mays Ausflug in das Wendland ohne Folgen, denn weder das angekündigte Theaterstück noch der Roman über die Quitzows wurden begonnen – Gründe dafür benennen die Autoren recht plausibel. Ganz wichtig jedoch ist ihr Hinweis, dass auf dieser Reise May ein letztes Mal als weltenbummelnder Abenteurer und Held seiner Romane auftrat. So ist diese vorliegende Dokumentation mehr als eine bloße Faktensammlung, sie gibt auch Zeugnis von der Kraft, der Phantasie und Kreativität Mays, die damals im kleinen Gartow eine Handvoll Menschen und später Millionen von Lesern in aller Welt verzauberten.

Johannes Zeilinger,
Berlin, im Herbst 2011

Sieben Tage im Leben Karl Mays

Ansichtskarte von 1900

Karl May in Norddeutschland, Karl May im Wendland – schon mehrfach ist über die Reise des Radebeuler Erfolgsautors (*Winnetou*) berichtet worden. Einige seiner damaligen Erlebnisse in und um diesen Ort beschrieben schon der Gartower Lehrer und Kantor Friedrich Hinnrichs im Karl-May-Jahrbuch 1924 („Eine Studienreise Karl Mays") sowie der Musiker Carl Ball aus Salzwedel im Karl-May-Jahrbuch 1928 („Harfenklänge zu ‚Babel und Bibel'"). Ausführliche Artikel enthielt auch der „Heimatbote. Gemeindeblatt für den Kirchenkreis Gartow" in den Ausgaben von März bis Juni 1935. Der May-Forscher Erich Heinemann berichtete schließlich im Jahrbuch der Karl-May-Gesellschaft 1971 über „Dr. Karl May in Gartow", dann auch in der „Elbe-Jeetzel-Zeitung" vom 26. Mai 1971 unter dem Titel „Auf den Spuren Karl Mays in Gartow" sowie im „Gartower Heimatboten" vom 22. Oktober 1971 unter der Überschrift „In Gartow pirschte Karl May. Aber auch an der Jeetzel lebte Old Shatterhand gefährlich".

Es waren vor allem Erich Heinemanns Artikel, die große Aufmerksamkeit erregten, wonach hierauf in Gartow und Kapern Gedenktafeln angebracht wurden.

Allen diesen Darstellungen gemeinsam war ihre große Verehrung Karl May gegenüber und leider auch ihre – nennen wir es einmal ganz diplomatisch so – dokumentarische Unbekümmertheit. Das hat nicht nur zu einigen Lücken im durchaus interessanten siebentägigen Reiseverlauf und Aufenthalt des Schriftstellers in dieser Region geführt, sondern auch seriösen biografischen Darstellungen Fehler sowie Fehleinschätzungen eingebracht.

Erst 2011 konnte diese interessante Episode durch den Wissenschaftlichen Beirat vom Karl-May-(Geburts)-Haus in Hohenstein-Ernstthal (Sachsen) nahezu umfassend korrekt dargestellt werden.[1]

Herausgelöst aus der reinen Karl-May-Forschung und ihren internen Belangen, doch erweitert mit neu aufgefundenen Dokumenten und Bildern, zeigt sich nun hier ein besonderes heimatkundliches Zeitbild.

*

Der Flecken[2] Gartow ist ein Ort in geschichtsträchtiger Umgebung, den der auf seinem Erfolgszenit stehende Schriftsteller Karl May im Jahr 1898 aufsuchte, um für ein neues Werk Studien zu betreiben.

Der Radebeuler Autor beabsichtigte, eine dreiaktige Posse über den Fürsten Leopold von Anhalt-Dessau (1676–1747), den so genannten „Alten Dessauer" zu schreiben – ein Vorhaben, das Karl May, wie der Briefwechsel mit seinem Verleger zeigt[3], schon seit 1892 plante, und das er nun endlich auf der Höhe seines Ruhms verwirklichen und damit auch neue literarische Wege gehen wollte.

Heute ist Gartow der Hauptort der sich im Landkreis Lüchow-Dannenberg befindlichen gleichnamigen Samtgemeinde (2010: 3.746 Einwohner), gelegen im Wendland am westlichen Ufer der Seege, einem rechten Elbezufluss – übrigens 7 km von Gorleben entfernt. Zur Zeit Karl Mays besaß der Flecken knapp über 700 Einwohner (2011: 1.087).

Blick in die Gartower Hauptstraße Richtung Westen 2011

„Old Shatterhand"
in eigener Mission im Wendland

Es deutet vieles darauf hin, dass Mays Reise und der Aufenthalt im Wendland dazu dienten, intensiv die Menschen dieser Region kennenzulernen, sowie einige der Schauplätze seiner bereits vor längerer Zeit erschienenen so genannten Dessauer-Erzählungen einmal direkt in Augenschein zu nehmen. Er wollte damit die sicherlich zuvor nur erlesenen Kenntnisse durch eigene Eindrücke authentischer in seine geplante Arbeit mit einbeziehen.

Denn auffällig ist, dass der Schriftsteller am 2. Mai 1898 aus Lenzen/Elbe an den mit ihm befreundeten Winzer Emil Seyler in Deidesheim schreibt, es gelte, Studien zu unternehmen ... *wegen meines nächst erscheinenden Theaterstückes in Gartow, Lüchow, Lenzen.* Und nach der Reise schreibt er am 19. Mai 1898 seinem Verleger Friedrich Ernst Fehsenfeld: ... *da ich einmal nach Dessau mußte ... so benutzte ich das, um gleich weiterzufahren und wegen meines nächst erscheinenden Theaterstückes in Gartow, Lüchow, Lenzen etc. Studien zu machen. Dabei zeichnete ich Wege, den Verlauf der Elbe etc. und wurde, wie schon erwähnt, als franz. Spion arrettiert.*[4]

Karl Mays Freiburger Verleger Friedrich Ernst Fehsenfeld (1853-1933).

Diese launigen Zeilen – das mit dem französischen Spion ist eindeutig eine Übertreibung – mit denen May nur wenige Tage nach der Reise noch einmal und detailliert sein Vorhaben bekräftigt, ein Werk über den Fürsten aus Dessau zu schreiben, und wie vor der Reise dieselben Orte in gleicher Reihenfolge nennt – stehen in krassem Widerspruch zu mehrfach geäußerten Vermutungen von May-Experten, er sei aus Enttäuschung oder gar Zorn über seine kurzzeitige Festnahme in Gartow – siehe weiter unten – von dort abgereist und hätte daher sein Vorhaben fallengelassen.

Dabei hatte schon Friedrich Hinnrichs, mit dem Karl May in dessen Kutschwagen das Land erkundete, berichtet: „Noch manchmal haben wir über dieses Vorkommnis herzlich gelacht. Als dann nach einiger Zeit die Abschiedsstunde schlug, geleitete ich [...] Karl May nach Salzwedel zur Bahn." Und der hatte zuvor darauf bestanden, weitere Orte aus seinen früheren Erzählungen bei dieser Rückreise in Augenschein zu nehmen.

In beiden zitierten Schreiben nennt May drei kleine Ortschaften – eigentlich ohne besonders herausragende Sehenswürdigkeiten – sieht man von dem zwischen 1710 und 1727 erbauten Schloss in Gartow einmal ab. Sie haben auch keinen direkten Bezug zum Fürsten Leopold – doch sind es allesamt Schauplätze von Mays bereits erschienenen Dessauer-Humoresken. So auch der Flecken Gartow, wo May in seiner Erzählung von 1878 *Die drei Feldmarschalls* ganze Szenen im Schloss sogar mit historischen Vorfahren der zur Zeit von Mays Besuch dort noch lebenden Persönlichkeiten spielen ließ:

Im Speisezimmer seines Schlosses zu Gartow saß der hannöverische Landrath Andreas Gottlieb Freiherr von Bernstorff [1708–1768] *an der Seite des Majors von Zachwitz.*

Schloss Gartow um 1870

So gibt es ebenso viele Passagen dieser Erzählung, die in Lenzen spielen, in dem sich zum Teil Mays erster großer Roman *Der beiden Quitzows letzte Fahrten* (1876) abspielt. Das hatte der Schriftsteller bereits Carl Ball gegenüber erwähnt: „Karl May erzählte mir später, daß er damals ein Buch über die Quitzows habe schreiben wollen, die in dieser Gegend gelebt haben. In dem Städtchen Lenzen an der Elbe befindet sich noch heute ein Burgturm aus der Zeit der Quitzows."

Auf 23 Meter hohem Hügel im 13. Jahrhundert errichtet und durch die Quitzows im 14. Jahrhundert ausgebaut. Der Turm ist 28 Meter hoch, sein Durchmesser beträgt 12 Meter.

Notgeldschein (50 Pfennig) der Stadt Lenzen um 1923.

Wappen der Familie von Quitzow am Eingang vom „Quitzowstuhl" – einem Gefängnisturm zur Ausübung eigener Gerichtsbarkeit auf der „Eldenburg" – im westlich von Lenzen/Elbe gelegenen gleichnamigen Ort.

Kartengruß Karl Mays an Wilhelmine Beibler vom 1. Mai 1898:
Des Nachts sieht man von allen Spuren – der Stadt nur einfach die Conturen; so sieht man wohl gewiß auch nur – von Dir beim Schlummern die Contur. Dein Karl

Wendland, Landschaft im preuß. Regbez. Lüneburg, an der Elbe, bestehend aus den ehemaligen Grafschaften Dannenberg und Lüchow, jetzt den Kreis Lüchow bildend. Die Bewohner sind zum größten Teil slawischer Abkunft und haben noch manche Eigentümlichkeiten in Sprache und Sitten. Zahlreiche Ortsnamen sowie die ringförmige Anlage der Dörfer weisen auf den wendischen Ursprung hin. 1890 zählte man noch 637 Wenden. Vgl. H e n n i n g s, Sagen und Erzählungen, Volkskunde und Kulturgeschichtliches aus dem hannoverschen W. (Lüchow 1906).

Aus Meyers Koversations-Lexikon 1905

Lüchow (Lüchau), 1) Amt im hannöverischen Landdrosteibezirk u. Fürstenthum Lüneburg; 7125 Ew.; 2) Stadt darin, an der Jeetze; Schloß (welches 1811 ausbrannte), Rathhaus, Flachs- u. Hanfbau, Garnspinnerei, Leinweberei, Handel, Linnenlegge, Brauerei; 2500 Ew.

Aus Pierers Universal-Lexikon 1857

Abgesehen von der Stadt Dessau, der „Namensgeberin" dieser speziellen Humoresken – Karl May hielt sich dort entsprechend der Dokumente vom 29. April bis 1. Mai 1898 auf – war bislang angegeben worden, die Stadt Lüchow sei der erste Ort seiner Studien-Fahrt vor seinem Eintreffen in Gartow gewesen.

Dabei ist Lüchow eine Reisestation Mays, die außer durch die Erwähnung auf einer Karte an seinen Freund Emil Seyler und in dem Brief an Verleger Fehsenfeld durch kein direktes May-Dokument aus dieser Stadt belegt ist; doch ist es ein Ort, den May durchaus im Laufe seines Aufenthalts im Wendland aufgesucht haben könnte und wohl auch wird. Dabei dürfte er – je nach Aufenthaltsdauer – neben der Stadt selbst auch den Amtsturm, das letzte Überbleibsel des früheren Schlosses Lüchow, das dem großen Stadtbrand von 1811 zum Opfer fiel, besichtigt haben. Dieser war erbaut worden als Altersruhesitz für herzogliche Witwen. Später diente er als Sitz des Lüchower Amtmannes. Seit 1930 befindet sich im Turm das erste Museum des Landkreises.

Auch war angenommen worden, Karl Mays Anreise nach Gartow sei in der zweiten April-Hälfte des Jahres 1898 mit einer Kutsche von Lüchow aus erfolgt, wohin er mit der Bahn angereist war.

Doch er kann diesen Weg von Lüchow über Woltersdorf, Klein Breese und Trebel ins 24 km entfernte Gartow, seinem „festen Wohnort" für die Reise, nicht gefahren sein – und schon gar nicht im April.

Ansichtskarte, postalisch befördert 1898

An Stätten früherer Erzählungen

Im bzw. am Schloss Lüchow – so wie in der Stadt selbst – spielt teilweise Mays Erzählung *Ein Fürst-Marschall als Bäcker* (1882). Dort heißt es in einem Dialog mit dem „Alten Dessauer":

„... Wir gehn nach Lenzen, wo nächsten Montag Jahrmarkt ist, und nehmen uns so viel Leute mit, wie wir zu dem Fang brauchen. Wieviel denkt Er?" „Dreißig." „So viel?!"

„Ja! Bedenken Euer Durchlaucht, daß Lüchow und Wustrow ziemlich weit von Lenzen liegen. Von Salzwedel aus hätten wir es näher. Aber da Exzellenz nach Lenzen wollen, so haben wir wenigstens vier Meilen durch ein Land zu marschieren, wo die preußischen Soldaten feindlich behandelt werden."

Und zu Beginn des zweiten Kapitels des May-Romans *Der beiden Quitzows letzte Fahrten* (1876/1877) heißt es: *An dem Zusammenflusse der Elde und des Mayen an der Mecklenburgisch-Priegnitzischen Grenze, anderthalb Meilen nördlich von Lenzen an der Elbe, lag das feste Schloß Garlosen, später Gorlosen genannt. Es hatte von je her das Schicksal gehabt, unruhigen Geistern, die entweder dem Landesherrn oder den Landstraßen gefährlich wurden, zum Aufenthalte zu dienen und wurde jetzt besessen von vier Männern, die ihr Schwert gut zu führen verstanden und am liebsten den Wein tranken, den Andre bezahlt hatten. Es waren dies der alte und der junge Boldewin von dem Kruge, ihr Vetter Thomas von dem Kruge und der tapfere Claus von Quitzow, zu Stavenow wohnhaft.*

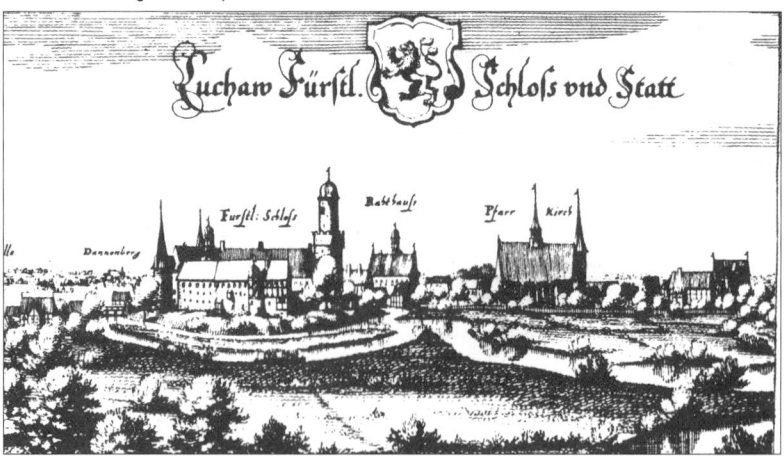

Lüchow nach dem Merian-Stich von 1654

Gegen die bisherigen Schilderungen des Reisewegs und der Reisestationen des Schriftstellers spricht schon ein Blick auf die Landkarte; die überlieferten Dokumente belegen den nun in diesem Buch ausführlich geschilderten Ablauf dieser genau von Karl May geplanten und durchgeführten Studienfahrt.

Chronologie der Reise

30. April (Samstag): Postkarte Mays aus Dessau an Klara Plöhn (adressiert: *Frau Richard Plöhn*)
1. Mai (Sonntag): Postkarte aus Dessau an Wilhelmine Beibler und Postkarte aus Salzwedel an Klara Plöhn (Frau Richard Plöhn)
2. Mai (Montag): Postkarte aus Lanz (gestempelt in Lenzen) an Klara Plöhn. Karte aus Lenzen an W. Beibler und Emil Seyler
4. Mai (Mittwoch): Postkarten vom Höhbeck (abgesandt aus Gartow) an Richard Plöhn: „Gruss a. d. Thal-Mühle". *Herzlichen Gruß mit der letzten Karte. Nun komme ich selber. Karl* – und eine an Klara Plöhn.
4. Mai Visitenkarten-Notiz (siehe Seite 68) *Den 4ten Mai 1898. Schnackenburg. Gasthof Kerkau.*
6. Mai (Freitag): Festnahme Mays, Hausarrest in Krug's Hotel
7. Mai (Samstag): In Begleitung von Friedrich Hinnrichs Abreise von Gartow nach Salzwedel über Capern [seit 1936 Kapern], Bömenzien, Ziemendorf, Arendsee (Altmark) [heute „Straße der Romanik"].
8. Mai (Sonntag): Rückreise ab Salzwedel per Eisenbahn, abends Ankunft in Radebeul

Festzustellen, dass May – in der damaligen Zeit! – am 1. Mai aus Dessau (Poststempel-Uhrzeit zwischen 11.00 und 12.00 Uhr) an seine spätere Schwiegermutter Wilhelmine Beibler und schon am selben Tag (Stempel-Uhrzeit zwischen 18.00 und 19.00 Uhr) bereits aus dem gut 180 Kilometer entfernten Salzwedel an deren Tochter Klara Plöhn schreibt, und dann einen Tag später sich aus Lenzen und Lanz meldet, ist schon sehr überraschend.

Aufgrund der nicht von der Hand zu weisenden postalischen Vermerke liegt der Beweis vor, dass die Orte wirklich so bereist worden sind.

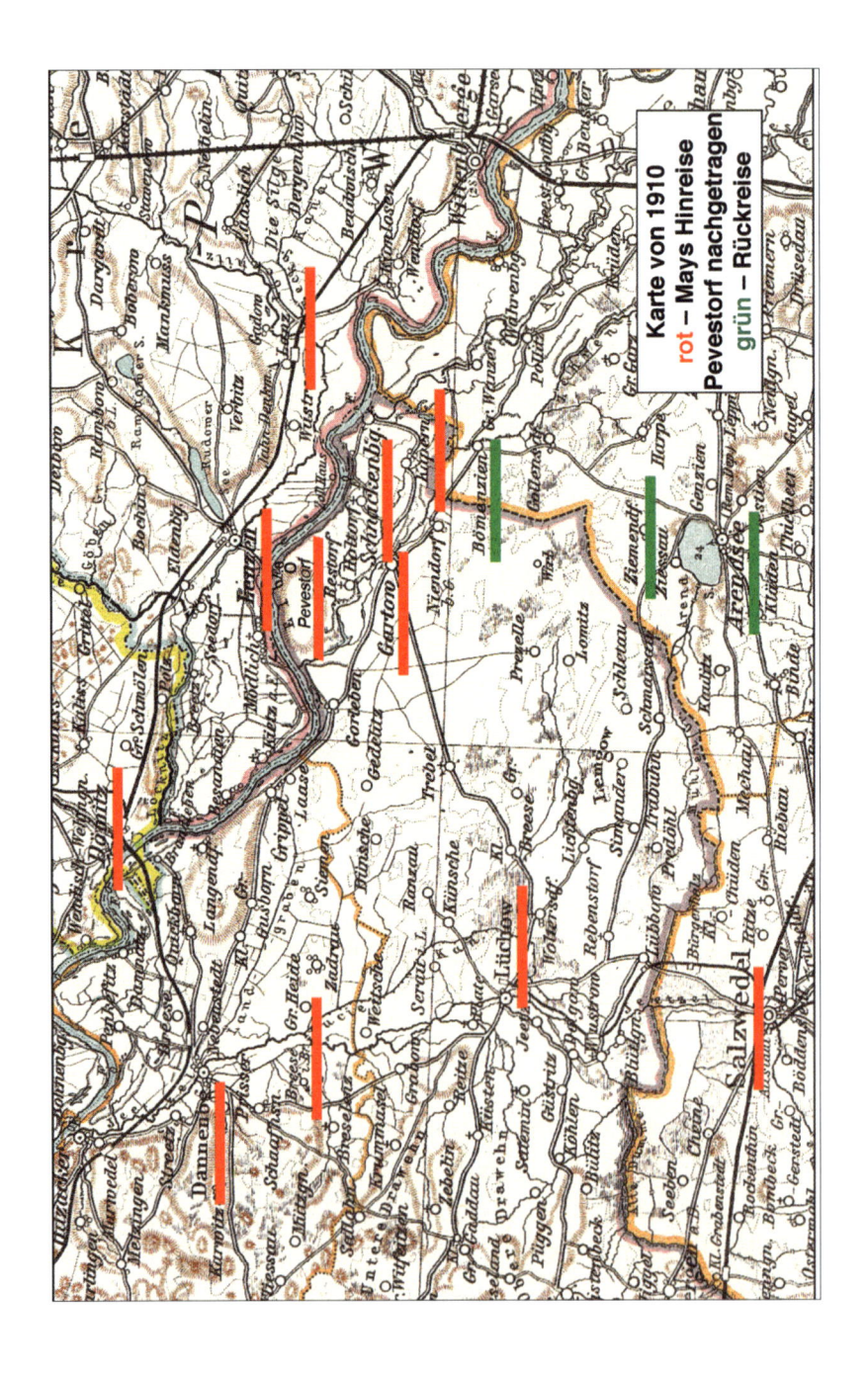

Karte von 1910
rot – Mays Hinreise
Pevestorf nachgetragen
grün – Rückreise

Dieser Kartengruß aus Salzwedel vom 1. Mai 1898 (von May falsch datiert mit *1.1.98*), abgestempelt zwischen 18.00 und 19.00 Uhr, erreichte Klara Plöhn in Radebeul am 2. Mai 1898 (Postamt-Eingang zwischen 8.00 und 9.00 Uhr): *In Wedelsalz komm ich jetzt an – Ganz auf der derselben Eisenbahn – Und warte hier in dieser Stadt, – Nur bis das Salz gewedelt hat. – Immer schtolz, – Ja noch viel schtölzer, – Denn aus Holz – Macht man Schtreichhölzer! / Tausend süße Herzensgrüße!"*

15

Der Weg nach Gartow

Die Reiseroute verlief somit wie folgt: Zuerst eine Eisenbahnfahrt von Dessau über Salzwedel nach Lüchow. Vermutlich hat er nach so langer Fahrt dort übernachtet. Danach – wohl am 2. Mai – ging es allerdings mit der Postkutsche 18 km in nördliche Richtung nach Dannenberg – vorbei an Breese im Bruche, wo May den Grafen Adolf Viktor Ludwig von Grote (1864–1931) besucht haben soll.[5]

Ein Besuch beim Grafen Adolf Viktor Ludwig von Grote in Breese im Bruche (heute Gemeinde Jameln) ist dokumentarisch nicht gesichert (Postkarte um 1900).

Der Bahnhof in Dannenberg („Dannenberg Ost"), Postkarten-Zeichnung um 1900. Hier stieg Karl May im Mai 1898 von der Postkutsche in die Eisenbahn um. Das Bauwerk blieb bis heute fast unverändert erhalten und wird nach wie vor als Bahnhofsgebäude genutzt.

Weiter ging die Fahrt in Richtung Osten per Bahn über Dömitz (Mecklenburg) und Lenzen nach Lanz (beides Brandenburg, damals Kreis Westprignitz).

Halt, doch kein Aufenthalt für Karl May in Dömitz (Foto um 1900)

Die Ansicht zeigt das 1872/73 errichtete Bahnhofsgebäude in Dömitz (Mecklenburg) mit einer davor stehenden, dreifach gekuppelten, nach preußischen Normalien gebauten Güterzug-Lok auf Bahnsteig 1, wie sie um 1900 im Einsatz war. Hinter den noch in Kiesbettung liegenden Gleisen befindet sich ein Läutewerk; am Gebäude sind neben dem Stationsschild – damals noch in schwarzer Schrift auf weißem Grund – die Stationsuhr und Briefkasten zu erkennen. Die rechts neben dem Bahnhof stehenden Gefäße ergänzen das Bild der damaligen Zeit: Die Milch wurde in Kannen zum Bahnhof gebracht und im Gepäckwagen des Personenzuges zur nächsten Molkerei befördert.

Aus Anlass der Foto-Aufnahme haben sich hier nicht nur die Bahnbediensteten, sondern überdies auch die Mitarbeiterinnen der Bahnhofsrestauration – erkenntlich an den weißen Schürzen – auf dem Platz versammelt.

Nach der Einstellung des Güterverkehrs am 1. Januar 1997 sowie des Personenverkehrs am 27. Mai 2000 wurde die Strecke am 11. April 2001 stillgelegt.

Die Gleise sind 2007/8 abgerissen worden, das Bahnhofsgebäude wurde am 11. August 2011 ein Opfer der Flammen. (K. B.)

Dreiachsiger Preußischer Abteilwagen der 3. Wagenklasse, wie er zur Zeit Karl Mays auf seiner Reisestrecke im Einsatz war

Karl May im Jahr 1896

Der Bahnhof von Lenzen (Ansichtskarte um 1900), erbaut in den Jahren 1872-74. In seiner äußeren Gestaltung bis heute unverändert, befindet sich im Gebäude seit 1948 eine Schule.

Der Bahnhof in Lanz/Prignitz (Gleis-Seite, Aufnahme um 1930). Das Gebäude wird heute als Wohnhaus genutzt (Parkstraße 10).

Lanz.

Lanz, Dorf 8,5 km westlich von Lenzen. Rundling (Abb. 157). 404 Einw., 1384 ha.

„Lanzic", der Geburtsort des Turnvaters Jahn, hoch oberhalb der Elbe gelegen, wird zuerst in einer 1325 von den Knappen Alvensleben ausgestellten Urkunde erwähnt (abgedr. Riedels Codex III, 363). Gegen Ausgang des 15. Jahrh. waren die von Wenckstern vom Kurfürsten mit „eynem Mann to Lantze", der jährlich 2 Mark zu entrichten hatte, belehnt (vgl. Riedel III, 504; II, 66, 71 f.; XXV, 104). Der Spezial-Rolle der Prignitzschen Lehnpferde v. J. 1666 zufolge hatten die von Quitzow zu Eldenburg 9 Lehnpferde dem Kurfürsten zu stellen (v. Eickstedt, Beiträge S. 344). Im 18. Jahrh. wurde ein Königliches Domänenamt Eldenburg gebildet, zu dem L. gehörte (vgl. Bratrings Beschreibung I, 436).

Abb. 157. Lanz. Dorfplan (1:10000).

Aus „Kunstdenkmäler der Provinz Brandenburg", Berlin 1909

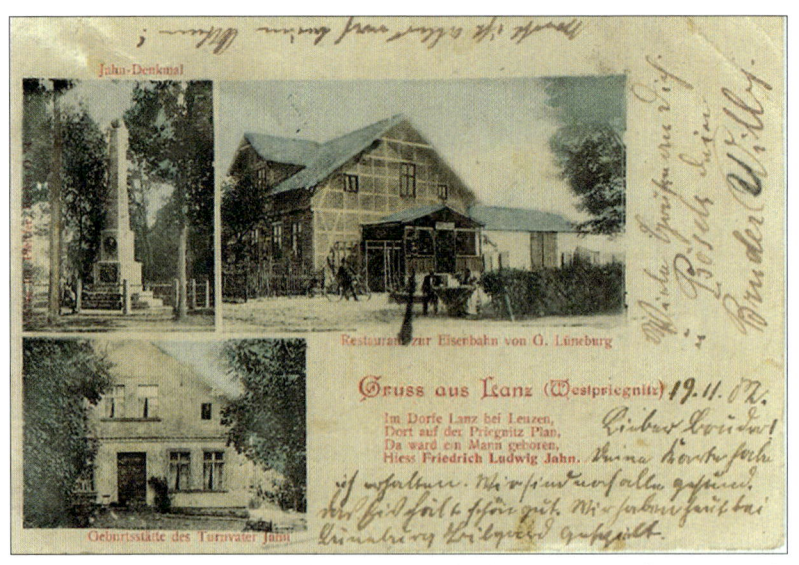

Dieser – auch heute noch auf Lanzer Ansichtskarten verwendete – Spruch zum Turnvater Jahn könnte Karl May sicherlich dazu angeregt haben, seinen launigen Vers zu schreiben (siehe Seite 22).

Von Dannenberg aus gelangte Karl May per Bahn – und ohne Aufenthalt in Dömitz und Lenzen – weiter ins östlich davon gelegene und in seinen Erzählungen *Die Drei Feldmarschalls* und *Ein Feldmarschall als Bäcker* bereits erwähnte Lanz, wo er sich für einige Stunden aufhielt.

Hier besuchte er mit großer Wahrscheinlichkeit die Gedenkstätten an den „Turnvater" Friedrich Ludwig Jahn (1778–1852); ob es auch zu der Besichtigung des 3 km vom Ort entfernten damaligen Rittergutes in Gadow mit Schloss des Grafen Wichard von Wilamowitz-Möllendorff (1835–1905) und Mausoleum eines wirklichen Generalfeldmarschalls und dessen Vorgängers Wichard Joachim Heinrich von Möllendorff (1724-1816) kam, ist bei der gedrängten Zeit fraglich.

Auf seinem Weg vom Bahnhof über Jahns Geburtshaus zum Denkmal passierte May den Gasthof Wolff, der damals – als einziger der insgesamt vier bestehenden Wirtschaften – bereits mit einem Hotelbetrieb versehen war.

Postkarten-Abbildung um 1900

Hier kehrte er auf seiner Rücktour zum Bahnhof vermutlich in einer für Gäste eher unüblichen Tageszeit ein, was ihn zu den nachfolgenden etwas schwermütig klingenden Zeilen veranlasste.

Am gleichen Tag wird dann die Fahrt auf der Strecke[6] wieder westlich zurück ins rund 10 km entfernte Lenzen gegangen sein.

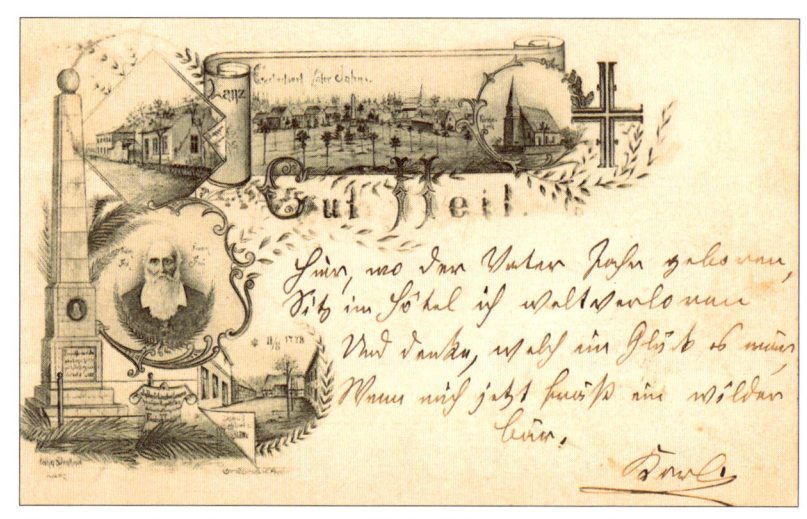

*Hier, wo der Vater Jahn geboren – Sitz im Hotel ich weltverloren –
Und denke, welch ein Glück es wär – Wenn mich jetzt fräß ein wilder Bär. – Karl.*

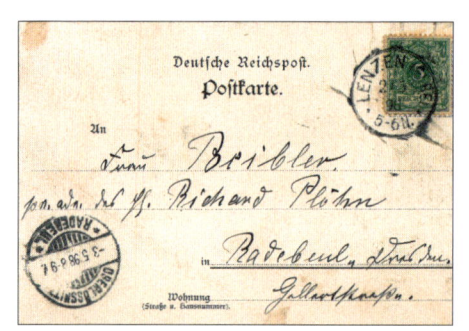

Der Gruß „Gut Heil" ist altdeutschen Ursprungs und wurde bereits 1140 im Alexanderlied Lamprechts verwendet. Nachdem diese Worte weiterhin genutzt wurden, hat Jahn sie auch als Turnergruß ausgewählt und gebrauchte sie 1817 zum ersten Mal.

Die Kartengrüße Karl Mays aus Lanz und Lenzen wurden am 2. Mai 1898 in Lenzen abgesandt und auf dem dortigen, damals noch in der Berliner Straße gelegenen, Postamt zwischen 17.00 und 18.00 Uhr abgestempelt.

**Im brandenburgischen Lenzen/Elbe verließ Karl May
nach seinem Aufenthalt in Lanz wieder den Zug.**

Die obige Ansicht zeigt eine zeitgenössische Aufnahme des 1872/73 durch Friedrich Neuhaus erbauten Bahnhofes. Auf der rechten Seite hat das Personal vor der auf Gleis 2 stehenden und mit Tender und Gepäckwagen versehenen Lok Aufstellung genommen. Zu sehen sind ebenfalls einige Schaulustige, die hinter dem Gatter mit der Bahnhofssperre stehen.

Typisch für die allgemein als „Lüneburger Bahn" benannte offizielle „Wittenberge-Buchholzer Zweigbahn" war zudem, dass rechts und links neben dem Stationsnamen die betreffenden Zielbahnhöfe mit der jeweiligen Kilometerangabe angeführt waren.

Im Gebäude befanden sich auf der rechten Seite die Diensträume, auf der linken Seite der Wartesaal 1. und 2. Klasse mit Theke und Schalter zum Bahnsteig. Zeitungen, Tabakwaren, Reiseproviant und Süßwaren konnten ebenfalls erworben werden.

Auf der Straßenseite des Bahnhofes warteten bei der Ankunft eines Zuges üblicherweise Kutschen mit Pferdegespannen auf etwaige Gäste – einer von ihnen wird Karl May gewesen sein. Am 1. Oktober 1947 wurde die Strecke Dömitz – Wittenberge stillgelegt, die Gleise abgebaut und als Reparationsleistung in die UdSSR geschickt. Das Lenzener Bahnhofsgebäude wurde daraufhin einer neuen Verwendung zugeführt – der Wartesaal wurde zu einer Berufsschule umgestaltet, die dort bis Ende 1954 bestand. In den Jahren bis zur Wende genutzt als Hort, ist im Gebäude jetzt die Lenzener Grundschule untergebracht. (K. B.)

Ganz bestimmt:
eine Fahrt in „Meiers Pferde-Omnibus"

Den Reisenden, mag er auf dem Lenzener Bahnhof angelangt sein, verlangt es danach, auf schnellstem Wege in die knapp einen Kilometer entfernte Innenstadt mit ihren Geschäften, Gaststätten und Hotels zu gelangen.

Zu diesem Zweck hatte sich letztgenanntes Gewerbe regelrecht spezialisiert. Rechtzeitig vor Ankunft eines Zuges standen die Pferdedroschken bereit – der potentiellen Gäste, die da kommen sollten, harrend. Entlang dieser Strecke befanden sich – in Richtung Innenstadt gesehen – das „Gasthaus zur Eisenbahn", das „Hotel Stadt Hamburg", das „Rothe Schloss", das „Hotel zur Sonne" und – das „Hotel Deutsches Haus". Dieses langjährig im Besitz der Familie Meier befindliche Etablissement, welches noch 1929 damit warb, das „älteste Spezial-Reise-Hotel" zu sein, war am Lenzener Bahnhofsvorplatz mit einem besonderen Gefährt vertreten – mit „Meiers Pferde-Omnibus".

Und noch etwa anderes zeichnete das „Hotel Deutsches Haus" aus – von hier aus waren es nur noch einige wenige Schritte zum in der Seetor-Straße gelegenen Gasthof „Zum goldenen Stern", denn schließlich wird es dem auf seinen eigenen Spuren wandelnden Karl May besonders gefallen haben, ein längst von ihm beschriebenes Lokal aufzusuchen.

Und setzen wir voraus, dass der über die lokalen Gegebenheiten längst bestens informierte Schriftsteller auch über die Lage des „Deutschen Hauses" informiert war, brauchte er nur noch eines – in „Meiers Pferde-Omnibus" einzusteigen ..." (K. B.)

Meiers Pferde-Omninus. Aufnahme um 1900.

Vom Bahnhof aus führte der Weg durch die Lenzener Haupt- und Geschäftsstraßen, wie auch hier an dem in der Seetor-Straße gelegenen Gasthof „Zum Goldenen Stern", vorbei.

Gasthof Zum goldenen Stern
Besitzer: W. SCHARNWEBER
Gute Speisen und Getränke
Logis und Ausspannung

Der Goldene Stern in Lenzen

Karl Mays Besuch dieses Lokals, heute Seetorstraße 33, von Johann Karl Ludwig (* 1851) und Marie Luise Karoline (* ?) Schelsky – dürfte wohl eine Fiktion bzw. eine reine Vermutung sein, die in der May-Literatur allerdings mehrfach auftaucht. Denn einen konkreten Beleg dafür, dass Karl May dort war, gibt es nicht. In der Erzählung *Ein Fürstmarschall als Bäcker* (1881/82) spielt das Finale der Geschichte in dem fiktiven Lenzener Gasthof „Zum Mecklenburger" – in *Die drei Feldmarschalls* (1878) gibt es Szenen in einem „Blauen Stern" der Stadt – doch die beiden „Werber-Lokale" hat es dort nicht gegeben, wohl aber diesen „Goldenen Stern". Und dadurch ergibt sich sogar eine direkte Beziehung zum Thema, das Karl May beschäftigte, wie eine Tafel am Haus heute kundtut (siehe Seite 91): „Vom Gasthaus ‚Goldener Stern' berichtet die Geschichte, dass hier die sogenannten Werber Friedrich Wilhelms I. tätig waren. Auf der Suche nach den ‚Langen Kerls' für die Leibgarde in Potsdam wurden hier Burschen aus dem Hannoverschen unter Alkoholeinfluss und oft unfreiwillig ‚verpflichtet'." Somit ist es sogar wahrscheinlich, dass May für seine Recherchen die damals noch vorhandene Gaststätte in Lenzen aufsuchte. Verblüffend ist zudem die Ähnlichkeit des historischen Grundrisses mit der Beschreibung des „Blauen Sterns" in Mays Erzählung *Die drei Feldmarschalls* (siehe Seite 119 ff.). Ab 1902/03 wurde das Lokal von Familie Scharnweber übernommen.

Der weitere Weg nach Gartow führte über die Elbe mit der Lenzener Fähre. In unmittelbarer Nähe zur Fährstelle befand sich direkt auf dem Deich ein sehr beliebtes Ausflugslokal, das „Elbschlösschen".

Das Elbschlösschen

Das in der Ansichtskarte als „Gast- und Kaffeehaus" beschriebene „Elbschlösschen" war für die Lenzener ein beliebtes Ausflugsziel – konnte man doch im Sommer von hier aus bei Kaffee und Kuchen über die Elbe den Anblick des Höhbecks mit Schiffs- und Fährverkehr genießen, und im Spätwinter lockte die Besucher die Aussicht auf die von Hamburg ankommenden Eisbrecher – die Wartezeit bis dahin vertrieb man sich im Lokal.

Nach der Besetzung des Lokals durch die Russen 1945 wurde das „Elbschlösschen" 1946/47 wiedereröffnet, und bis 1952 – der Ausweisungsaktion der Wirtsfamilie und dem Ende des Cafés – bestand dort zudem ein „Mittwochs-Damen-Kränzchen" mit selbstgebackenem Kuchen. Nach dem bald darauf erfolgten Abriss des Gebäudes wurde an derselben Stelle ein Grenzwachturm errichtet. Dieser wurde nach der Wende als Aussichtsturm für Besucher hergerichtet – damit können wiederum der Anblick des Höhbecks über die Elbe mit dem Schiffs- und dem Fährverkehr genossen werden.

Das Ausflugslokal „Elbschlösschen", das bis 1952 bestand (Ansichtskarte um 1900).

Hast Du mich lieb, mußt Du versuchen – Noch einmal den Kartoffelkuchen.
– Ich zeig mit Telegraf Dir an, – Wenn ich ganz sicher kommen kann. –
Dein Anbeter von Jugend auf! Karl Mays Gruß an Wilhelmine Beibler, Klara Plöhns Mutter. Postalisch abgestempelt am 2. Mai 1898 in Lenzen.

... mußt Du versuchen, noch einmal den Kartoffelkuchen ... vielleicht hat May diese Spezialität im Raum Lenzen, und zwar auch im „Elbschlösschen", kennengelernt.

Das hier wiedergegebene Rezept entstammt diesem Kochbuch (Marie Magdalene Grundmann, Verlag G. Hendelsohn, Berlin, o. J., um 1900), aus dem Nachlass der Wirtsleute Porath in Capern, wo Karl May eine arme Familie beschenkte (siehe Seite 64 ff.).

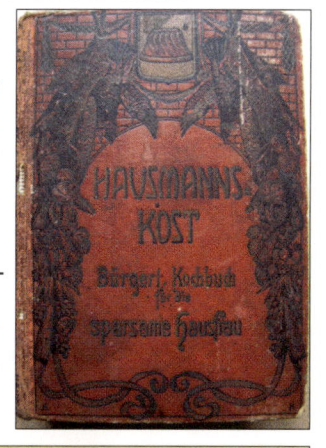

558. Kartoffeltorte. 1 Pfd. gekochte und geriebene Kartoffeln, 250 gr Zucker, 180 gr gestoßene Mandeln, die Schale einer Citrone, eine Handvoll Mehl und 12–16 Eier gehören hierzu. Die Mandeln werden mit den Eidottern und dem Zucker gut schaumig gerührt, die Citronenschale und die geriebenen Kartoffeln dazu gethan, der Schnee von 10 Eiweiß darunter gezogen, die Form gefüllt und mäßig gebacken.

Direkt unterhalb des „Elbschlösschens" befand sich am Elbufer die Lenzener Fährstelle, an der Karl May zur anderen Elbseite übersetzte. Der Fährbetrieb war nach einiger Zeit der Stilllegung erst zwölf Jahre zuvor wiedereröffnet worden.

Zwei Ansichten mit einem Blick auf die jeweils mit Passagieren besetzte Lenzener Fähre um 1900.

> **Lenzen,** Stadt im preuß. Regierungsbezirk Potsdam, Kreis Westpriegnitz, in der fruchtbaren Marschgegend der Lenzener Wische, unweit der Elbe und an der Linie Berlin-Buchholz der Preußischen Staatsbahn, hat eine schöne Kirche aus dem 15. und 16. Jahrh., Überreste der 1412 zerstörten Burg, ein Amtsgericht, ein Deichamt und (1885) 2830 evang. Einwohner. In der Nähe sind Hünengräber und viele vorhistorische Altertümer gefunden. — Hier 4. Sept. 929 Niederlage der Redarier durch die Deutschen unter König Heinrich I. 1066 wurde in der Kirche der christliche Obotritenfürst Gottschalk von den Wenden erschlagen. In dem nahen Dorf Lanz wurde 1778 der Turnvater Jahn geboren.

Aus „Meyers Konverstions-Lexikon", Leipzig 1888

Ein Weg – literarisch vorgedacht

Die Rückfahrt von Lanz nach Lenzen wird bei näherer Betrachtung durchaus plausibel. Denn um damals zu seinem von Lanz aus gesehen nur wenige Kilometer Luftlinie entfernten Reiseziel Gartow zu gelangen, wird May von einem kurzen Weg dorthin bereits gewusst oder davon spätestens in Lanz erfahren haben – nämlich dem mittels einer Elbe-Überfahrt.

Denn eine von der Stadt Lenzen betriebene – bereits 1490 erwähnte – Fähre gab es bei den „Lentzer Fehrhäusern" schon seit dem 17. Jahrhundert – bis sie allerdings 1867 aufgegeben wurde, weil sich die seit 1873/74 zwischen Buchholz und Wittenberge verkehrende Eisenbahn inzwischen besonders als Viehtransport-Mittel zu einem zu starken Konkurrenten entwickelt hatte.

„Hoffnungen, daß eine von Wittenberge nach Lüneburg zu bauende Eisenbahn Gartow berühren würde, gingen nicht in Erfüllung [...] Bemühungen, nun doch wenigstens durch eine Fähre [wieder] den Anschluß an die Bahn [nördlich der Elbe] zu gewinnen, waren von Erfolg gekrönt. Die Stadt Lenzen erklärte sich bereit, die Errichtung einer Elbfähre am Höhbeck bei Pevestorf zu übernehmen."[7] Ab Juni 1886 konnte sie in Betrieb genommen werden.

Es war Bellheimer, den es nach der erfolglosen Arretur des Sternwirthes und als er erfahren, daß auch Heinz fort sei, nicht in Lenzen gelitten hatte. Er war über die Elbe gegangen und schlug nun den kürzesten Weg nach Gartow ein, wo seine Gegenwart seiner Meinung nach von Nutzen sein konnte. Der Pfad war ein schnurgerader Richteweg, der die gewöhnliche Gehzeit fast um die Hälfte kürzte, so daß der unternehmende und kühne Wachtmeister gar bald den Waldessaum erreichte und nun den Flecken mit seinem Schlosse vor sich liegen sah. [...] Ungefähr halbwegs zwischen Lenzen und Gartow steht mitten im Walde an der damals nur schwer fahrbaren Vicinalstraße ein einsamer Krug, ...

Und diese Möglichkeit, die May schon 20 Jahre zuvor literarisch in der auch in diesem Buch enthaltenen Dessauer-Geschichte *Die drei Feldmarschalls* gegangen ist und dabei den darin mehrfach erwähnten Weg exakt als Vicinalstraße (staatlich unterhaltene Ortsverbindungsstraße) bezeichnete, wird der „auf seinen Spuren reisende" Schriftsteller vernünftigerweise und mit an Sicherheit grenzender Wahrscheinlichkeit auch jetzt gewählt haben: Mit der Fähre von Lenzen aus zuerst über die Elbe.

Diese Ansichtskarte zeigt im Hintergrund die Lenzener Fährstelle mit dem links davon sich befindlichem Fährhaus.

Von Lenzen nach Gartow

Nach Ankunft am Fähranleger nahe Pevestorf ging es zunächst zu Fuß weiter zur dortigen, auf halbem Weg in Richtung Vietze gelegenen Ausflugsgaststätte „Thalmühle". Vielleicht hat ihn dieses Lokal vom Namen her an die *„Thalmühle"*, einem Schauplatz seines Lieferungsromans *Der Weg zum Glück* (1886-1888), erinnert.

Diese Ansicht zeigt einen Raddampfer, der hier angelegt hat, damit dessen Gäste einen Besuch bei der unmittelbar hinter dem Ufer sich befindlichen „Thalmühle" unternehmen können. Diese Anlegestelle befand sich etwa zwei Kilometer von der bei Pevestorf gelegenen Fährstelle entfernt.

Talmühle bei Lenzen (Elbe), gelegen auf den Höhen jenseits der Elbe neben dem historisch denkwürdigen Platze des Kastells Hobocki zur Zeit Karls des Großen, von wo aus die Wenden zurückgehalten wurden.

Notgeldschein (50 Pfennig) der Stadt Lenzen, um 1923

Ich sitze zum erschten Male – In dieser Mühle im Thale, – die Elbe liegt rechter Hand; – Weiber haben keenen Verstand. – Karl.

Keinesfalls lag die „Thalmühle" „*im Thale*" wie Karl May schrieb, und auch nicht in Lenzen, wie beides aus dieser Karte ersichtlich ist. Auf der Rückseite dieses Gebäudes befand sich der „Biergarten" der „Thalmühle" (siehe nächste Abbildung) – und dort lag die Elbe für ihn tatsächlich *rechter Hand...*

Sicherlich hat Karl May während seiner Einkehr in die Wirtschaft hier draußen, da man im Mai die herrliche Natur des Höhbecks – einer eiszeitlich entstandenen, bis zu 76 Meter über NN hohen Geestinsel – vor dem Gasthaus genießen kann, die Grußkarten geschrieben und an Richard und Klara Plöhn, sowie *innigste Grüße* an Familie Seyler, am 4. Mai 1898 von Gartow abgeschickt.

Diese Postkarten mit dem „Gruß a. d. Thal-Mühle" (einer 1356 erstmals erwähnten und 1902 durch ein Unwetter vernichteten Wassermühle) dokumentieren definitiv den Reiseweg. Zu dieser – zwischen dem Lokal „Schwedenschanze" und Vietze gelegenen – Gaststätte wird May zunächst einen kleinen Abstecher gemacht haben. Somit *Ungefähr halbwegs zwischen Lenzen und Gartow*, wie es in der Erzählung *Die drei Feldmarschalls* heißt.

Mit der Postkutsche ging es danach weiter auf der ungepflasterten Straße über Pevestorf, Restorf und Quarnstedt nach Gartow.

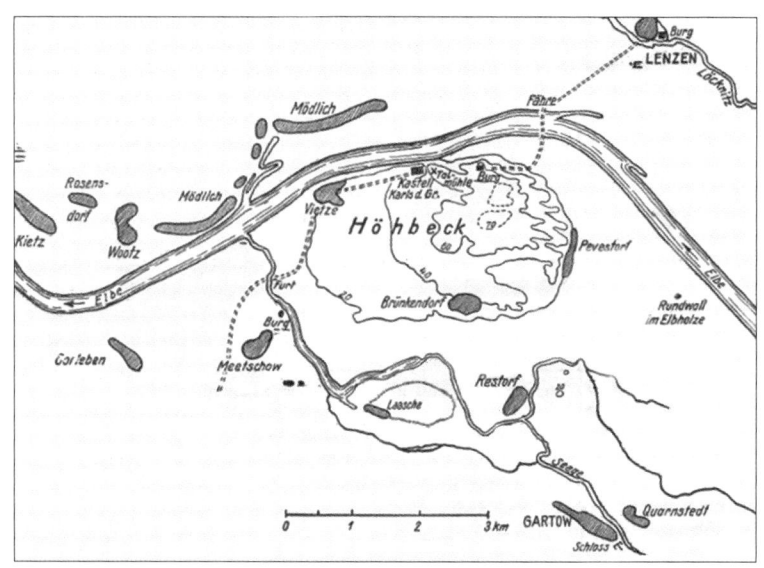

Kerstin Beck
Was führte Karl May zur „Thalmühle"?

Um es vorweg zu sagen: Die „Thalmühle" gibt es nicht mehr. Relikte dieses Anwesens können noch entdeckt werden, wenn man einen schmalen Fußweg entlang wandert – entweder vom Lokal „Schwedenschanze" nach Vietze oder umgekehrt – und dann auf halbem Weg zunächst auf eine ebene Fläche von etwa 70 x 170 m Größe am nördlichen Steilufer stößt. Hier ließ Karl der Große (747-814) im 8. Jh. ein – in den Sächsischen Annalen erwähntes – Kastell zum Schutz gegen Übergriffe der jenseits der Elbe lebenden Slawen errichten, welches 810 zerstört, dann aber wiederhergestellt wurde.

Im Jahr 1897 fand dort die erste Ausgrabung durch den Archäologen und damaligen Direktor des Kestner-Museums in Hannover, Carl Schuchhardt (1859-1943), statt. Weitere Grabungen haben die Annahme, dass hier die karolingische Festung gestanden haben muss, bestätigt.

Keinesfalls hat sich Karl May – dem diese Neuigkeit sicherlich zu Ohren gekommen war – die Besichtigung dieser historischen Stätte entgehen lassen wollen (siehe Abbildungen nächste Seite).

Davon kurz entfernt – und zwar lediglich 150 Meter in östlicher Richtung – befand sich die Ausflugsgaststätte „Thalmühle", und es lag nur zu nahe, dort einzukehren, und von dort die nächste Fahrgelegenheit nach Gartow abzuwarten.

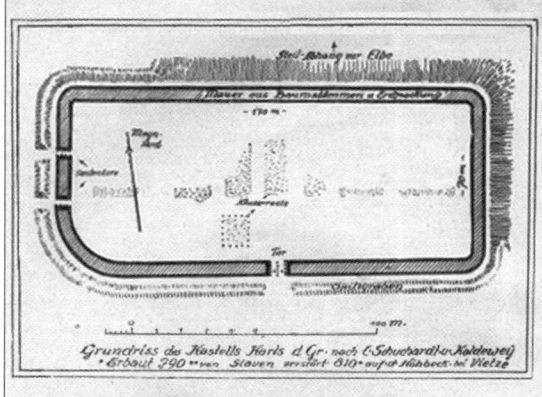

Dass Karl May mit derartigen Festungen vertraut war, zeigen seine diversen früheren Veröffentlichungen. Und auch in der 1908 erschienenen Erzählung *Schamah* heißt es: *So interessant diese Teiche und das in ihrer Nähe liegende Kastell in geschichtlicher und baulicher Beziehung sind, auf unsere Erzählung haben sie keinen Einfluß, und so fahren wir für jetzt an ihnen vorüber.*

Aus „Heimatbüchlein für den Kreis Dannenberg", Lüchow 1932.

Die Ankunft in Gartow

Daraufhin gelangte Karl May aus westlicher Richtung über die Seege-Bogenbrücke (erbaut 1879, gesprengt am 15. April 1945) nach Gartow und hat dabei einen kurzen Blick auf das links davon gelegene Barock-Schloss gehabt.

Im Ort sah May als erstes die Kirche (linkes Bild) und dann wenige Zeit später auf derselben linken Straßenseite – mit der heutigen Hausnummer 15 – das Hotel Krug, wo er kurz darauf ein Zimmer bezog. Allerdings ließ er sich zunächst zum weiter im Ort gelegenen Hotel Schulze bringen.

Ansichtskarte um 1909 (oben) und Fotos von Dr. Hans-Dietrich Röhrs (1927)

Gastwirtschaft von Aug. Schulze

Denn in diesem Hotel von August Schulze (1859-1919) beabsichtigte der Schriftsteller, Quartier zu beziehen. „Aber das wollten die anderen Gartower nicht, und deshalb haben sie ihn von hier weggelotst, dorthin, wo heute der Bioladen ist." so die Enkelin, Frau Elisabeth Ackermann. Was genau damals passierte und weshalb Karl May dann ins Hotel Krug ging, wird sich wohl nicht mehr klären lassen. Jedenfalls ging es zurück auf dieser Straße zu Krug.

Hauptstrasse in Gartow I. H.

Belegt ist, dass der Reisende aus Radebeul dann dort endlich ein Zimmer bekam – gelegen im ersten Stock, von der Straße aus gesehen rechts außen.

Karl May logierte somit für die Zeit seines Aufenthalts in Krug's Hotel in der Hauptstraße. Auf der Ansicht dieses Gasthauses präsentiert sich stolz, wie es damals bei solchen Karten allgemein üblich war, der Chef des Hauses mit seinen Angehörigen.

Was es mit diesem Hotel auf sich hatte, erkundete Kerstin Beck und spürte auch auf, wer die beiden bislang „rätselhaften" Kinder auf einem Foto in seinem Leseralbum waren – von May selbst beschriftet mit *Kinder aus Hôtel „Krug"* …

Kerstin Beck
Die Geschichte von Krug`s Hotel

Etwa in der Mitte der Gartower Hauptstraße befindet sich an deren südlicher Seite ein aus Backstein errichteter zweistöckiger Bau mit einer Toreinfahrt an dessen linker Seite. Heute ist es nicht mehr erkennbar, dass dies einst Krug`s Hotel war. Ältere Leute in Gartow wissen sich jedoch noch daran zu erinnern, dass das Etablissement in seinem unteren Teil die Gaststube und in seiner oberen Etage links einen Saal, der auch zu Sitzungen genutzt wurde, und rechts Fremdenzimmer beherbergte.

Die hier abgebildete dreiteilige Ansichtskarte (ein Bild vom Postamt, erbaut nach 1900, siehe Seite 89 gehört dazu) zeigt in ihrem oberen Drittel besagtes Gebäude, wobei auf dem Firmenschild noch die Aufschrift „W. A. Krugs .....Hotel" zu erkennen ist.

Auf der Rückseite der Karte (siehe Seite 87) lassen Karl Mays Gartower Freunde 1910 Grüße an ihn ausrichten. Dort ist als rechter Einschub in der Mitte zu lesen: „Herzl. Gruß Ihr alter Freund W. A. Krug". Ein Schriftvergleich mit der Vorderseite, auf der sich der Hinweis befindet „Sitzen augenblicklich in dem Zimmer, in welchem Sie so oft selbst gesessen haben", zeigt, dass es sich um denselben Schreiber – den damaligen Hotelinhaber Wilhelm Konrad Johannes Heinrich Krug – handelt, der vermutlich mit der anderen Namensnennung noch einmal auf sein Geschäft, so wie es typischerweise allgemein genannt wurde – hinweisen mochte. Das besagte Zimmer hat er zudem mit Bleistift markiert – es ist das Fremdenzimmer, welches Karl May für die Zeit seines Aufenthaltes 1898 genutzt hatte.

Eine weitere Markierung – mit Kreuz und zwei Pfeilen – weist auf den Gastwirt und Schreiber selbst hin. Im Hauseingang haben sich Frau (links) und Tochter (rechts) postiert, und da das Auftreten des Fotografen Rudolf Oberst (1856-1933), der extra aus Salzwedel angereist war, eine Sensation darstellte, wird es in der oberen Etage die Mutter des Hoteliers sein, die, aus dem Fenster schauend, das Geschehen verfolgt.

Geführt unter der einfachen Bezeichnung „Nr. 8", ist das Anwesen bereits 1878 im Besitz letztgenannter Frau – der Witwe des damals bereits verstorbenen Vollbürgers und Kaufmanns Wilhelm Anton Krug. Auf dessen Sterbedatum gibt es nicht einmal im Gartower Kirchenbuch einen Hinweis; lediglich die Grundbuchakte vermerkt diesen Umstand – sein Ableben – im angeführten Jahr.

1880 wird Wilhelm Anton bzw. Anton Wilhelm Krug, Kaufmann

und Ackerbürger, dort als Eigentümer erwähnt, und ein Jahr später, 1881, fällt erstmals die Bezeichnung „Gastwirt".

Hier muss vermutlich von Amts wegen eine kleine Verwechslung vorliegen, denn zu dieser Zeit wird der wohl gerade 21jährige – und damit mündige – Sohn Wilhelm Konrad Johannes Heinrich gemeint sein, der das Hotel übernommen haben wird.

Am 31. Juli 1885 heiratet dieser die Gartowerin Eleonore Dorette Marie Auguste Raute – und anläßlich der Eheschließung findet sich schließlich der Vermerk, daß der Vater des Bräutigams bereits verstorben ist. Aus der Ehe gehen zwei Kinder hervor:

Antonie Charlotte Marie Alwine, * 23. November 1887 und
Julius Ernst Karl Wilhelm, * 14. Januar 1891.

Die beiden Sprößlinge waren zur Zeit der Anwesenheit Karl Mays im Gasthaus elf und sieben Jahre alt sind und dürften für den noblen Gast sicher als Dank für einige von ihm erzählten Anekdoten so manchen raschen Gang erledigt haben.

Wilhelm Konrad Johannes Heinrich Krug ist Mitglied des Gartower Magistrates, und einmal wöchentlich treffen sich seine Amtskollegen im Saal seines Hotels – überliefert ist dazu die Bezeichnung „Zylinderfraktion" – um über wichtige bevorstehende Entscheidungen zu beraten.

Doch die Geschäfte Krugs laufen alles andere als gut. Der Gastwirt ist immer wieder genötigt, Kredit aufzunehmen. Um die Gläubiger bezahlen zu können, werden hin und wieder Ländereien verkauft. Zu den Kreditgebern gehören u. a. der gegenüber dem Anwesen wohnende Schlachter und Bürgermeister Adolf Bardien sowie der Holzhändler Christian Herbst – es sind vermutlich gute Freunde des erfolglosen Gastwirtes.

Am 17. Mai 1905 wird auch das Grundstück mit Haus verkauft, um den Zahlungsverpflichtungen nachkommen zu können. Ausgenommen davon sind das Gastwirtschafts- und das landwirtschaftliche Inventar, die Ladeneinrichtung sowie die Vorräte an Waren in der Gast- und Landwirtschaft. Der Kaufpreis von 30350 Mark wurde bei der Auflassung der Immobilie zu Händen des Ratmannes Bardien vom Käufer – das war wiederum kein anderer, als bereits benannter Holzhändler Christian Herbst – bar bezahlt. Der Mutter des Gastwirtes – die fortan die Wirtschaft weiter als Mieterin zusammen mit Sohn Wilhelm, dessen Frau und der gerade 18jährigen Enkeltochter betreibt – bleibt nichts anderes übrig, als die noch vorhandenen Ländereien zu veräußern.

Am 15. August 1908 stirbt auch sie, und Wilhelm Krug wirtschaftet nach dem Tod seiner Frau am 6. Juni 1925 auch noch weiter, wohl zusammen mit der ledig gebliebenen Tochter. Sein Sohn Julius Ernst Karl Wilhelm hat sich inzwischen längst dem Lehrerberuf zugewandt und übt diesen in Celle aus, wo er am 9. November 1934 im Alter von 43 Jahren auch stirbt. Vier Jahre später, am 30. November 1938, stirbt auch Wilhelm Konrad Johannes Heinrich Krug im Alter von 79 Jahren.

Dessen Tochter, Antonie Charlotte Marie Alwine, ist in Gartow niemals mehr aktenkundig erwähnt worden – sie muss vermutlich nach dem Tod des Vaters ebenfalls fortgezogen sein. Im folgenden Jahr – 1939 – erwirbt der wohlhabende Kaufmann und damalige Bürgermeister Theodor Beyer das Anwesen, damit die Gemeindevorsteher des Fleckens Gartow, wie es die Vorschriften erfordern, ihr Gemeindebüro dort einrichten können. Die Einrichtung der Gaststätte wird im Ort versteigert.

Zwei Jahre später erwirbt die Gemeindeverwaltung Gartow den Besitz – den sie bis 2011 innehaben wird – und in der Toreinfahrt findet zunächst auch die örtliche Feuerwehrspritze ihr Domizil.

*

Aus der Monats-Zeitschrift „Heimatbote. Gemeindeblatt für den Kirchenkreis Gartow" vom Mai 1935 lässt sich fast genau Karl Mays Ankunft in Gartow herauslesen. Carl Junack (1870–1943), Forstberater des Gartower Grafen (später Leiter der Forstverwaltung, nunmehr in Berlin tätig), veröffentlichte darin den Beitrag „Karl May in Gartow".

Darin heißt es: „Es war am 1. Mai 1898, als ich nachmittags den Scheibenstand in Hahnenberge aufsuchte, um mit meiner Büchse einige Kontrollschüsse zu machen – die Jagd auf den Rehbock ging damals noch am 1. Mai auf. Ich hatte das merkwürdige Erlebnis, daß vor dem Kugelfang des Schießstandes, der mitten in einer Dickung lag, friedlich ein Rehbock äste, so daß ich meinen ersten Schuß sogleich auf den Bock tat, den ich damit zur Strecke brachte. Das Gehörn war ein besonders interessantes – kurz und knuffig – so daß ich es für wert hielt, ihm einen besonderen Namen zu geben, und ich nannte es, in Erinnerung an das sich daran knüpfende Erlebnis mit Karl May den ‚May=Bock', wobei man auch an die Erlegung am 1. Mai denken könnte. Am Abend jenes Tages nach dem Abendbrot besuchte ich – mit dem abgeschlagenen Gehörn – den Abendschoppen bei Wilhelm Anton Krug. Im Honoratiorenstübchen fand ich außer [Sägewerksbesitzer] August Herbst, meinem Altersgenossen (er ist aber zwei Tage jünger als ich), merkwürdigerweise noch einen fremden Gast am Tisch, was so selten vorkam, daß ich mich vorstellte. „Meyer" verstand ich seinen Namen und kombinierte aus den zwei großen Zigarrenkisten, die er vor sich stehen hatte, daß er wohl der Zigarrenreisende Meyer aus Bremen sein mochte."

So präzise und überzeugend die Angaben von Carl Junack auch erscheinen mögen – das Datum 1. Mai ist definitiv nicht richtig, da befand sich Karl May – wie gezeigt – noch in Dessau, am Tag darauf in Lenzen. Es dürfte sich somit wohl um den Abend des 2. Mai gehandelt haben – dem Tag, an dem May frühestens von Lenzen her eintraf und sich danach in seinem Hotel zu den Stammgästen in die Gastwirtschaft setzte. Vom 4. Mai 1898 an, durch die Poststempel der bereits erwähnten, sicherlich früher geschriebenen Karten an Klara und Richard Plöhn belegt, kann dann Mays Aufenthalt in Gartow als gesichert angesehen werden.

Karl May (Foto 1898) und seine Bewunderer in Gartow – die Stammtischrunde „Die Börse"

Bürgermeister Adolf Bardien
(1847-1935)
<u>1898:</u> 51 Jahre alt

Lehrer Friedrich Hinnrichs
(1873-1955)
<u>1898:</u> 25 Jahre alt

Forstmeister Carl Junack
(1870-1943)
<u>1898:</u> 28 Jahre alt

Karl May
(1842-1912)
<u>1898:</u> 56 Jahre alt

Gastwirt und Hotelier Wilhelm K. J. H. Krug
(1859-1938)
<u>1898:</u> 39 Jahre alt

Sägewerksbesitzer August Herbst
(1870-1951)
<u>1898:</u> 28 Jahre alt

Dr. med Ernst Röhrs
(1868-1934)
<u>1898:</u> 30 Jahre alt

Abenteuerliche Geschichten

Nachdem nun der Reisende glücklich in Gartow – seinem Ziel – angekommen war, mag es recht schnell gegangen sein, dass er im Ort Bekanntschaften machte. Dazu gehörte auch jemand, der eigentlich kein Gartower war: der Forstmeister Carl Junack. Nachdem Mays Reiseweg jetzt bis hier hin, soweit heute noch möglich, dokumentiert wurde, ist es angebracht, den Bericht dieses Zeitzeugen ausführlich zu zitieren.

Während Hinnrichs seine Schwärmerei für Karl May in den Vordergrund stellte – an dessen Bericht ist lediglich die geschilderte Capern-Episode konkret – erzählte Carl (Eduard Wilhelm) Junack detaillierter und auch objektiver, wie Karl May bei den hiesigen Stammtisch-Runden auftrat und dabei Eindruck machte.

In der Monats-Zeitschrift „Heimatbote – Gemeindeblatt für den Kirchenkreis Gartow" vom Mai 1935 schreibt der damalige Forstberater des Grafen von Bernstorff weiter:

„Ich konnte mit meinem Jagderlebnis [siehe Seite 42] nicht lange dichthalten und fing meine Erzählung damit an, daß ich sagte, es möge wohl ‚lögenhaft to vertellen' klingen, aber als ich am Nachmittage hätte auf die Scheibe schießen wollen, hätte statt der Scheibe ein lebender Rehbock dagestanden, den ich mit den Schuß erlegt hätte. Ich erzählte dann das ganze Erlebnis genauer und gebrauchte die Wendung, daß ich die

Kontrollschüsse hätte machen wollen, weil die Büchse in der verflossenen Schonzeit lange nicht ‚gesprochen' hätte. Da fiel mir der Fremde rasch ins Wort: ‚Das ist recht, die Büchse spricht.' Als ich ihn dann erstaunt ansah und er wohl in meinem Blicke die Frage las: ‚was verstehst Du Zigarrenmacher vom Schießen?' setzte er hinzu: ‚Verzeihung, ich habe zwar in meinem Leben nie einen Rehbock geschossen, aber desto mehr Grizzlybären und Löwen.'

Und nun ging sein Erzählen los, so daß wir bis nachts um 2 Uhr nur noch zuzuhören brauchten und abwechselnd zu bewundern, wie er einerseits spannende Geschichten erzählen konnte und andererseits auf das frechste log. Dabei bekam er es fertig zu versichern, daß in keinem seiner Bücher ein Wort Jägerlatein enthalten sei. Wir hüteten uns, ihm zu widersprechen, um seinen Redestrom nicht zu stören und saßen nun Abend für Abend um ihn bei Krug mit immer größer werdendem Zuhörerkreis. Dabei schien er mich als Jäger besonders in sein Herz zu schließen; er schenkte mir ein Bild von sich, auf dem er als Trapper ausgerüstet war – das Bild ist mir leider später abhanden gekommen – und er hat mir auch etwa ein Jahr später noch eine Ansichtskarte aus Kairo gesandt.

Die Geschichte seiner Fahrt nach Schnackenburg mit dem armen Kind ist richtig geschildert, aber Karl May machte sich nicht nur hierdurch und durch seine phantastischen Geschichten, die er allabendlich vortrug, verdächtig, sondern auch durch seine reichhaltigen Trinkgelder, mit denen er um sich warf, und Geschenke, die er versprach. So wollte er dem Gemischten Chor in Gartow ein Klavier schenken und hat in meiner Erinnerung auch noch an einer anderen Stelle ein Harmonium versprochen. Das Eingreifen der Polizei überraschte uns Gartower aber doch; wir hatten ihm als dem bekannten Verfasser der Indianerpistolen gern zugehört, und das junge Ehepaar Dr. Röhrs hatte ihn sogar einmal zu Abend geladen, wobei der ganze Verkehrskreis mitgeladen wurde, denn der Genuß dieses Abends gehörte selbstverständlich allen.

Mit solchen Kostümfotos wollte Karl May seine Weltläufer- und Abenteuer-Legenden beweisen.

Es mag noch interessieren zu hören, was uns Karl May damals alles erzählte. Mir sind besonders folgende Geschichten in Erinnerung geblieben.

1. Die Jagd auf den Löwen. Der Löwe geht abends zu Wasser. Wenn man einen Löwen schießen will, so geht das verhältnismäßig einfach, indem man sich an seiner Wasserstelle aufbaut und ihn dort erwartet. Mit der Dämmerung verläßt der Löwe sein Lager und gibt dabei zunächst ein leises Brummen von sich. Dann stößt er einen Schrei aus. Etwas so laut, wie ein Mensch eben schreien kann, und dann folgt nach einer Pause ein Gebrüll so laut, daß die Berge davon erdröhnen und widerhallen. Nun heißt es die Büchse fest gefaßt; es ist inzwischen dunkel geworden, und der sich nähernde Löwe ist nur an dem Leuchten seiner Augen zu erkennen, sobald er den Jäger bemerkt hat und seine Augen auf ihn richtet. Die Augen glühen starr, das Licht in ihnen beginnt zu kreisen und kreist immer schneller, und die Pupillen werden dabei immer kleiner, bis die Augen zwei feurige Kugeln geworden sind. Dann ist es der letzte Moment, die Kugel anzubringen, weil dann der Löwe zum Sprung ansetzt. Dann hält er aber auch vollkommen still, so daß sich eine sichere Kugel anbringen läßt. Und diese Kugel muß mitten zwischen den Augen sitzen, sonst kommt es zum Kampf auf Leben und Tod. Der Sprung sitzt schon ausgelöst in den Pranken des Löwen und – getroffen oder nicht – führt er ihn noch aus. Nach dem Schuß muß man deshalb

Illustration von Willy Planck (1870-1956) zur May-Erzählung *Die Gum* (in *Orangen und Datteln*, Karl May's Illustrierte Reiseerzählungen, Frbg. 1909)

sofort beiseite springen, denn der lebende oder auch tote Löwe landet genau dort, wo der Jäger stand. Dieser hat inzwischen repetiert und versucht dem anspringenden Löwen die zweite Kugel zwischen die zweite und dritte Rippe zu setzen. Für den Fall, daß auch diese fehlging, wirft er die Büchse fort und zieht sein scharfes langes Messer, um, wenn nötig, zum Faustkampf auf Leben und Tod bereit zu sein. Das war auch wohl seine tollste Jagdgeschichte.

2. Die Geschichte seiner Wunderbüchse. Karl May erzählte, er habe sich eine eigene Büchse konstruiert, die aus über 100 einzelnen Teilen bestand. Damit niemand hinter sein Konstruktionsgeheimnis käme, habe er die einzelnen Teile in ebensoviel verschiedenen Fabrikaten anfertigen lassen und sich aus den vielen Teilen die Büchse selbst zusammengesetzt. Diese Büchse schösse so haarscharf genau, daß er die einzelnen Blätter eines Baumes abschießen und Namenszüge in eine Scheibe hineinschießen könne. Sie habe nur den Nachteil, daß sie ungeheuer schwer sei, so daß außer ihm selbst nur wenige damit umgehen könnten. Wenn ihn jemand besuchte und es dann einen plötzlichen Krach gäbe, so wisse seine Frau schon, daß er wieder einmal – wie erst kürzlich dem König von Sachsen – seine Büchse vorgeführt und gereicht hätte und der Besucher die Büchse habe fallen lassen, weil sie ihm zu schwer war.

3. Das dritte Kuriosum, das ich in Erinnerung habe, ist eigentlich keine Jagdgeschichte. May erzählte von seinen Reisen in Arabien und seinem arabischen Diener, der ihn dabei begleitete. Dieser Diener sei verheiratet gewesen und habe stets in Angst vor seiner Frau gelebt. May habe ihn damit aufgezogen, daß er unter dem Pantoffel seiner Frau zu stehen scheine, worauf der Diener sich in die Brust warf und erwiderte: „In meinem Hause bin ich der Herr." Nach kurzem überlegen hätte er aber hinzugesetzt: er herrsche in seinem Hause aber mit Liebe und seine Frau mit Gewalt.

Es war sicherlich von einer der Zentralfiguren in Mays-Orient-Erzählungen die Rede, seinem Reisebegleiter Hadschi Halef Omar. Zeichnung von Oskar Herfurth (1862-1934) aus dem Jahr 1897.

Kerstin Beck
Und nun – die Junacks

Nach verhältnismäßig kurzer Recherche hatte ich Herrn Karl-Werner Junack gefunden – schließlich lebt der Förster i. R. mit seiner Gattin erst seit wenigen Monaten in der Nähe von Dannenberg, und das Telefonbuch verzeichnet noch keinen Eintrag.

Doch das Glück ist mir hold, das Ehepaar ist zu Hause, und bald führt mir der Forstmann erst einmal den „Junackschen Hohlspaten" vor. Das mit robustem Schmiedestahl versehene Arbeitsgerät wurde von seinem Vater Dr. Hermann Junack (1912-1992) entwickelt.

Hermann Junack hatte von 1941 bis 1979 das Privatforstamt Gartow der Gräflich von Bernstorff´schen Verwaltung geleitet, in dieser Zeit den Gartower Wald zu einem Beispielbetrieb für die „naturgemäße Waldwirtschaft" entwickelt und für seine Leistungen, zu denen auch wegweisende Schriften gehörten, zahlreiche Auszeichnungen erhalten – darunter 1983 das Bundesverdienstkreuz.

Dieser am 6. September 1912 in Neudeck, einst Oberschlesien (heute Swierklaniec, Polen) geborene Forstwissenschaftler war eines von sieben Kindern des Försters Carl Junack, der ebenfalls forstwirtschaftlich bahnbrechende Erfindungen gemacht hatte: 1910 verfasste er die Schrift „Durchforstung der Kiefer", zudem erschien von ihm eine „Grubenholztabelle für das oberschlesische Kohlenrevier" und die „Reinertragstafeln. Berechnung von Ertragswerten der Waldbestände und Erläuterungen" (1925).

Der am 15. November 1870 in Berlin geborene Carl Junack war an vielen Arbeitsorten tätig, bis er dann nach Gartow kam und in die Dienste der von Bernstorffschen Forstverwaltung trat, zunächst als Revierverwalter, später als Leiter der Forstverwaltung.

Und noch etwas anderes zeichnete Carl Junack aus – er gehörte zum Kreis der Karl-May-Verehrer in der ersten Mai-Woche des Jahres 1898 und hat sich später immer noch gern daran erinnert.

Mit Fotografien dieses Mannes unter dem Arm – so Carl Junack im November 1910 in Gartow mit Kaiser Wilhelm II. – fahre ich nun von seinem Enkel nach Gartow zurück – um dort eine sich im Wald befindliche fast vergessene Tafel mit dem Sterbedatum dieses verdienstvollen Forstmeisters zu fotografieren, auf der Carl Junack noch immer Karl Junack ist.

Auch im Gartower „Hotel Deutsches Haus" (Inhaber Adolf Krüger) traf sich, abwechselnd mit „Krug's Hotel", die Stammtischrunde „die Börse" – somit dürfte Karl May auch hier dabei gewesen sein (Postkarte um 1900).

„Dr." Karl May und Dr. Ernst Röhrs

Neben den Begegnungen Mays mit den so genannten „Honoratioren" Gartows, die er an deren Stammtisch „die Börse" in den Gastwirtschaften seines Hotels sowie des nebenan gelegenen „Deutschen Hauses" abends mit Abenteuergeschichten unterhielt, war die Freundschaft mit dem Arzt Dr. med. Ernst Röhrs und dessen Frau Margarethe wohl besonders intensiv. Schon Carl Ball schrieb dazu 1928, „daß auch Karl May bei seinem damaligen Aufenthalt in diesem Städtchen mehrfach Gast der Familie Röhrs gewesen war." Hatte doch Dr. Röhrs auf Wunsch der zuerst skeptischen Stammtischrunde May untersucht und danach von Narben berichtet, die dieser sich bei seinen vielen Abenteuern angeblich zugezogen hatte.

Im Gegensatz zu den noch im Jahr zuvor von Karl May groß inszenierten Treffen mit seinen Anhängern, die sogar, wie in München, mit auffälligen Zeitungsanzeigen angekündigt worden waren, war der Autor diesmal tatsächlich auf einer reinen Studienreise, bei der er keinerlei derartige störende Aufmerksamkeiten haben wollte. So vollzogen sich seine Aufschneidereien mehr im privaten Rahmen, denn seine Popularität ließ sich auch hier nicht ganz verbergen.

Bei einem dieser Besuche im Haus des Gartower Arztes Dr. Ernst Röhrs hatte Karl May sich mit der ersten Strophe des später in seinem Lyrik-Band *Himmelsgedanken* (1900) veröffentlichten Gedicht

Zuversicht in das Gästebuch des Ehepaares eingetragen. Leider sind die Zeilen dieser wohl in Gartow entstandenen Strophe von May lediglich mit *Gartow, Mai 1898* datiert worden, und es ist somit heute nicht mehr festzustellen, welche Einträge es zuvor oder danach in dem – leider längst verschollenen – Gästebuch des Hauses damals gegeben hatte.

> *Ich bin in Gottes Hand, wo ich auch geh und steh;*
> *Seit meinem ersten Tag bin ich geborgen.*
> *Er kennt mein Herz mit seinem Leid und Weh,*
> *Mit seinen großen, seinen kleinen Sorgen.*
> *Es wachen über mich bei Tag und Nacht*
> *Die lichten Engel, die er mir gesandt;*
> *Drum giebt es nichts, was mich je bange macht;*
> *Ich weiß es ja, ich steh in Gottes Hand.*
> *Gartow, Mai 1898*   Dr. Karl May[8]

Übrigens führte Karl May – im Gegensatz zum Gartower Arzt – seinen Doktortitel zu Unrecht und musste ihn später ablegen.

Margarethe und Dr. med. Ernst Röhrs 1907 in Gartow mit ihren Kindern Hans-Dietrich, Ernst und Otto (von links nach rechts)

Erich Heinemann machte erstmals darauf aufmerksam, ohne jedoch den entsprechenden Text zu zitieren, wie sich die Begegnung mit dieser Frau in einem inhaltlichen und wörtlichen Bezug auf das Gedicht in dem ab August 1898 entstandenen Roman Karl Mays *Am Jenseits* durch ein Gespräch zwischen dem Erzähler Kara Ben Nemsi und Halefs Ehefrau Hanneh widerspiegelt:

„Wie fest, wie fest du glaubst, Sihdi!« meinte Hanneh, indem sie in tiefer Rührung die Hände faltend ineinander legte. „Es giebt wohl nichts, gar nichts, was dich in diesem unerschütterlichen Glauben irremachen könnte?"

„Nichts! Ich habe mit allen möglichen Unholden des äußeren und des Seelenlebens um ihn gerungen und bin auch jetzt noch in jedem Augenblicke bereit, für ihn zu kämpfen und mein Leben einzusetzen. Glaube mir, die in Menschengestalt sichtbaren Feinde sind nicht die stärksten und die schlimmsten Gegner dieser meiner seligmachenden Glaubenszuversicht; die heißesten Kämpfe werden vielmehr im verborgenen Innern ausgerungen, wo der Einfluß dunkler Mächte größer ist als im sichtbaren Leben, welches nur die Wirkungen dieses Einflusses zeigen kann. Wohl dir, meine liebe Hanneh, wenn deine Engel die Hände über dich breiten, um solche Mächte und solche Kämpfe von dir fernzuhalten! Nicht jeder besitzt die Ueberzeugungskraft, welche erforderlich ist, siegreich aus ihnen hervorzugehen."

Da lächelte sie mich herzig an und sagte: „Sihdi, warum sollte ich kämpfen, also etwas so Schweres thun, was ich ja gar nicht nötig habe? Du hast mir deinen herrlichen Glauben gebracht und mir ihn in mein Herz gelegt. Was du mir giebst, ist gut. Da liegt er nun wie eine Sonne, die mich und mein ganzes Leben hell erleuchtet und erwärmt, und wo es eine solche Sonne giebt, da können finstere Mächte doch nicht sein. Wir haben jetzt hier eine irdische Kijahma erlebt, die Auferstehung eines Leibes von den Toten; du aber hast mir durch deinen Glauben schon längst eine schönere, eine herrlichere Kijahma gebracht, eine Auferstehung der Seele von dem Tode, ein Hervorsteigen aus dem Grabe des Irrtums, in welchem es für mich kein Wiedererwachen, sondern nur Verwesung gab. Diese Kijahma ist für dich im Buche des Lebens aufgezeichnet und wird für dich zeugen, wenn einst deine Thaten, Worte und Gedanken abgemessen werden!"

„Sie hat in Gottes Willen gelegen und ist das Geschenk seiner Liebe, die alle Menschen selig machen will; ich besitze kein Recht, mir einen Dank dafür anzumaßen. Es ist ja so leicht, den Glauben in ein Herz zu legen, welches ihm so sehnend, so willig und voll Vertrauen offen steht. Zwar ist dieses Sehnen in jede Menschenbrust gelegt, aber zugleich wohnen da auch die Geister des Hochmutes, der Selbstgefälligkeit, der Genußsucht, des Ungehorsams, der sich nicht strafen lassen will, und noch viele andere, die es nicht zu Worte kommen lassen." […]

„Und noch eine Frage," fiel Hanneh wieder ein. „Besitzt Emmeh, die freundliche Spenderin deiner Behaglichkeit, auch einen so festen

Glauben, grad wie du?" „Ja", antwortete ich. „Hat sie ihn stets gehabt?" „Sie hatte diesen Glauben schon, als ich sie kennen lernte; er lag in der Tiefe ihres Gemütes aufbewahrt." „Und da brachtest du den Sonnenschein, der ihn hervorrief an das Tageslicht? Du hast ihn gepflegt mit liebevoller Hand und nun deine Freude daran, wie an einem Baume, an dessen Früchten man sich doppelt erquickt, weil man ihn mit eigener Hand emporgezogen hat. Sihdi, wie gern, wie so gern möchte ich deine Emmeh kennen lernen! Ich würde ihr zuliebe alles thun; ich wäre sogar bereit, mich mit ihr, wenn sie es wollte, in einen Wagen eurer Eisenbahn zu setzen, um mit ihr so weit zu fahren, wie es ihr beliebt!" **9**

Und Heinemann schrieb: „Röhrs' Gattin, einer literarisch interessierten klugen Frau, schenkte er sein neuestes Buch ‚Weihnacht!' [erschienen Ende 1897], das er als sein Lieblingswerk bezeichnete, und versah es mit einer persönlichen Widmung."

Und den von Karl May signierten Band *„Weihnacht!"* gibt es glücklicherweise noch. Er befand sich im Nachlass von Dr. med. Hans-Dietrich Röhrs (1901–1984), dem zweiten Sohn des mit dem Schriftsteller befreundeten Dr. med. Ernst Röhrs.

Jürgen Röhrs, dem Enkel von Dr. Ernst Röhrs, ist die Entdeckung der unter unzähligen Familienschriftstücken und -bildern sowie Büchern erhalten gebliebenen Freiburger Ausgabe zu verdanken. Er stellte dem Autor auch die hier gezeigten Fotografien seiner Großeltern sowie die Abbildungen von deren Haus zur Verfügung und ermittelte die Lebensdaten der Beteiligten. Der Wortlaut der in den Berichten erwähnten Widmung Mays in „Weihnacht!" wurde in der im Januar 2011 erschienen Broschüre „Karl May Haus Information" Nr. 24 erstmals der Öffentlichkeit bekannt gegeben: *Seiner hochgeehrten Frau Dr. Röhrs in dankbarer Erinnerung vom Verfasser. / Old Shatterhand /*

„Der jungen Frau, die damals ihr erstes Kind erwartete, wurde der 56jährige [Karl May] so etwas wie ein väterlicher Freund..." ergänzte Heinemann 1974 und bestätigte, belegt wohl durch die Gespräche mit Dr. med. Hans-Dietrich Röhrs, dem Sohn des Dr. med. Ernst Röhrs, die Angaben des Augenzeugen Friedrich Hinnrichs im Karl-May-Jahrbuch 1924.

Margarethe Röhrs, geborene Haarstick, (27. März 1875–22. März 1956) und Dr. med. Ernst Röhrs (19. November 1868–22. Juni 1934) waren also 23 bzw. 30 Jahre alt, als sie mit May Freundschaft schlossen. In Gartow freundete May sich auch mit Margarethes Vater, dem Tierarzt Dr. Ernst Otto Haarstick (1843-1923), an, der ihn später sogar in Radebeul besuchte.

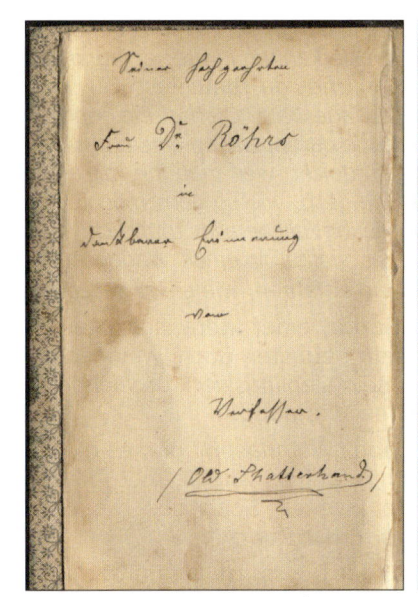

Widmung Karl Mays in *„Weihnacht!"* für die 23jährige Margarethe Röhrs, die 1898 ihren ersten Sohn Ernst erwartete: *Seiner hochgeehrten Frau Dr. Röhrs in dankbarer Erinnerung vom Verfasser. / Old Shatterhand /*

Hier war Karl May bei Dr. Ernst Röhrs zu Gast: Im sogenannten Salge'schen Haus (r., wohl benannt nach dem Vorbesitzer) in der Hauptstraße in Gartow.

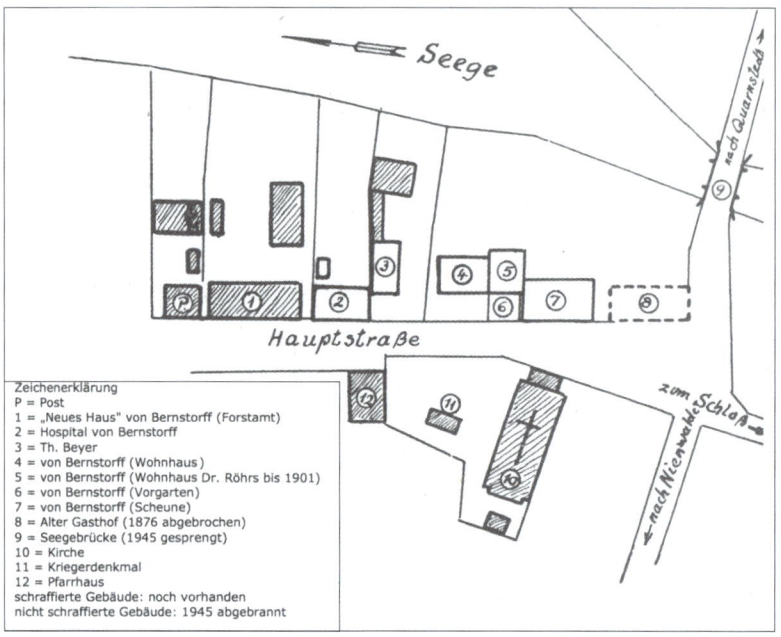

Zeichenerklärung
P = Post
1 = „Neues Haus" von Bernstorff (Forstamt)
2 = Hospital von Bernstorff
3 = Th. Beyer
4 = von Bernstorff (Wohnhaus)
5 = von Bernstorff (Wohnhaus Dr. Röhrs bis 1901)
6 = von Bernstorff (Vorgarten)
7 = von Bernstorff (Scheune)
8 = Alter Gasthof (1876 abgebrochen)
9 = Seegebrücke (1945 gesprengt)
10 = Kirche
11 = Kriegerdenkmal
12 = Pfarrhaus
schraffierte Gebäude: noch vorhanden
nicht schraffierte Gebäude: 1945 abgebrannt

Der Ostseite von Gartow vor und nach 1945 mit dem Wohnhaus von Dr. Ernst Röhrs (Nr. 5; der Vorgarten gehörte dem Mietvertrag nach dazu). Zeichnung (nicht maßstabsgetreu) nach Rudolf Haberland.

Blick in die Gartower Hauptstraße (um 1903), rechts das 1722 erbaute Hospital – (auf obiger Zeichnung Gebäude Nr. 2, links das Pfarrhaus Nr. 12).

Das Ehepaar Röhrs stammte jedoch nicht aus Gartow; der Arzt aus Tripkau gekommen, da er in die Dienste des Grafen aufgenommen worden war. Am 31. Dezember 1896 wurde ein erster Dienstvertrag aufgesetzt. Doch Dr. Röhrs konnte seinen Dienst erst nach Beendigung seiner wissenschaftlichen Arbeit in Hildesheim antreten und schrieb hierzu:

Tripkau d. 27./ XII. 96
Hochverehrter Herr Graf! Leider war es mir nicht möglich eine wissenschaftliche Arbeit, die ich von Herrn Professor Runge erhalten habe, in so kurzer Zeit fertig zu stellen wie ich es mir gedacht habe. Ich habe noch etwa 2 Wochen nötig, um sie zu Ende zu führen. Da ich hierzu die Bibliothek und die Journale der Frauenklinik in Göttingen benutzen muß, so ist ein etwas längerer Aufenthalt daselbst erforderlich. Sie würden mich nun sehr verbinden, geehrter Herr Graf, wenn Sie Ihre Einwilligung dazu gäben daß mein Vertreter noch bis etwa zum 15. Jan. dort verbleibt. In der Hoffnung, keine Fehlbitte gethan zu haben zu haben verbleibe ich Ihr ganz ergebener E. Röhrs z. Zt Tripkau a/d. Elbe

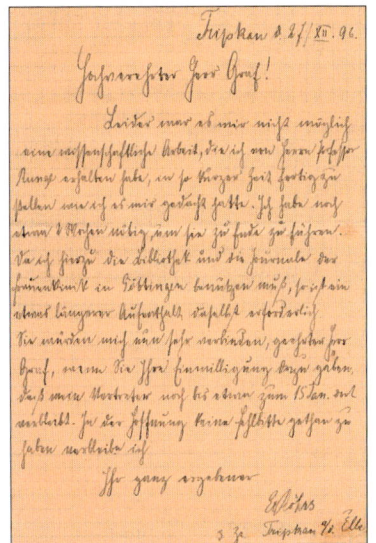

Graf Joachim von Bernstorff (1834-1901)

Dieser Bitte wurde entsprochen, wofür sich Dr. Röhrs mit einem Brief vom 30. Dezember 1896 bedankte und weiter schrieb: „Mit den Bestimmungen der Kontrakte bin ich einverstanden und sende Ihnen dieselben mit meiner Unterschrift sofort zurück.

Mit nochmaligem Dank für
Ihre Liebenswürdigkeit verbleibe ich Ihr ergebener E. Röhrs"

Damit konnte Dr. Ernst Röhrs in Gartow seine Anstellung im Dienste des Grafen Joachim von Bernstorff beginnen.

Zwischen

dem Herrn Graf J. v. Bernstorff-Gartow u. dem
praktischen Arzt Dr. med. Ernst Röhrs zu Hildesheim
ist folgender Vertrag abgeschlossen. —

§ 1.

Herr Dr. Röhrs übernimmt v. 1. Januar 1897 an die
völlig freie ärztliche Behandlung aller Angehörigen,
Angestellten, Bediensteten u. Arbeiter des Herrn Graf
v. Bernstorff, welche in gräflichen Häusern wohnen,
sowohl hier in Gartow, wie in den anderen Orten,
nebst deren sämmtlichen Familienangehörigen u. Do-
mestiquen, insbesondere also auch die Tagelöhner d.
Forstarbeiter in Quarnstedt, Wirl u. Rustermoor.
Pensionaire, auch wenn sie nicht in gräflichen Häusern
wohnen, genießen dieselbe freie ärztliche Behandlung,
wie zu ihrer Dienstzeit. Auch ist derselbe den in ständi-
ger Arbeit stehenden Angestellten, Handwerkern, aus-
wärtigen (hg. fremden) Forst- u. landwirthschaftlichen
Arbeitern für ihre Person zu gewähren. Die erfor-
derlichen Arzneien hat Dr. Röhrs auf eigene Kosten zu
liefern.
Eine Liste der in Betracht kommenden Haushaltungen
u. Personen soll dem Herrn Dr. Röhrs am Anfange eines jeden Kalenderjahres zugestellt u. nach Bedarf
ergänzt werden. —

§ 2.

Herr Dr. med. Röhrs erhält für die vorstehend ange-

Dr. med Ernst Röhrs erhielt in den Diensten des Grafen von Bernstorff nach dem am 31. Dezember 1896 geschlossenen ersten Dienstvertrag somit jährlich 940 Mark plus einer Vergütung von 60 Mark für die Betreuung der Krankenhaus-Patienten – beides

„zahlbar in 1/4 jährl. Terminen postnumerando aus der Registerkasse des Hauses Gartow" – nach erbrachter Leistung.

Hierzu wurde gleichzeitig zwischen dem Grafen von Bernstorff und Dr. Röhrs ein – versehentlich mit dem Datum „31. Dezember 1897" versehener – Mietvertrag für das „Salge' sche Haus" abgeschlossen zu einem Mietzins von 300 Mark, zahlbar ebenfalls in vierteljährlichen Raten nachträglich. Die Nutzung des Vorgartens wurde am 25. Februar 1898 vertraglich geregelt.[10]

Eine gute Tat

Nach eigenen Angaben war May während seines Besuches in Gartow auch beim Grafen von Bernstorff zu Gast. So schrieb er an das befreundete Ehepaar Felber in Hamburg am 18. Mai 1898: *Kürzlich war ich in Eurer Nähe, in Gartow, Provinz Lüneburg, beim Grafen von Bernstorff, um Studien zu machen*, und an Emil Seyler am selben Tag: *Kürzlich war ich zum Geburtstag in Dessau und dann in Gartow beim Grafen von Bernstorff, um Studien zu machen …* Und an seinen Verleger Fehsenfeld schrieb May am 19. Mai 1898: *… und damit Old Shatterhand doch auch einmal Etwas erlebt, wird er in Gartow, dem welfischen Erdenwinkel, als französischer Spion arretiert. Darüber allgemeine Entrüstung in den Blättern. Graf von Bernstorff, der Besitzer des dortigen Schlosses, ladet mich ein* – was sich als durchaus glaubhafte und keineswegs als eine – wie vermutet wurde – auf Renommiergehabe beruhende Behauptung herausstellt.

Die Familie Röhrs, wie Jürgen Röhrs, der Enkel des May-Freundes, von seinem Vater weiß, legte viel Wert auf ihre Freundschaft zu den Mitgliedern der Grafenfamilie, war stolz darauf und pflegte sie auch nach ihrem Wegzug nach Hamburg (1911) und Hildesheim nahezu unverändert weiter. So erhielt Dietrich Röhrs, Sohn von Dr. med. Ernst Röhrs, zu seiner Hochzeit am 10. September 1927 u. a. von der Gräfin Eleonore von Bernstorff ein von ihr gemaltes Bild des Forsthauses, seines Elternhauses (ab 1909). Eleonore (1869-1935) war die Ehefrau Günther von Bernstorffs (1864-1937), der nach dem Tod seines Vaters 1901 Gartower Schlossherr wurde.

Das Ehepaar Röhrs unterhielt enge freundschaftliche Beziehungen zur Familie des Grafen von Bernstorff, bei dem Dr. med. Röhrs in Diensten stand – woraus schon eine Begegnung Mays mit dem Grafen und wohl auch mit dessen Familie sehr wahrscheinlich ist. Schlossherr zu dieser Zeit (seit 1890) war Joachim von Bernstorff (1834–1901) mit seiner Gemahlin Adelheid von Bernstorff (1837–1900).

Aquarell der Gräfin Eleonore von Bernstorff 1927: Das Forsthaus in der Hahnenbergerstraße von Gartow (zerstört 1945) – Ab 1. Oktober 1902 zog Familie Röhrs bei gleicher Miete in diesen „Forsthof nebst Nebengebäude/Gartow Flecken Hs. Nr. 66, nebst dem dazugehörenden Garten …" (Mietvertrag vom 30. August 1902).

Doch die Verbindung Mays mit dem gräflichen Haus lässt sich jetzt auch in anderer Angelegenheit festmachen, wodurch eine bis vor kurzem noch rätselhafte Begebenheit – zumindest teilweise – Auflösung findet.

May schrieb an seinen Verleger, wie zitiert, dass über ihn die hiesigen Zeitungen berichtet hätten, doch ein wenig anders – jedenfalls sind weitere Belege bislang nicht nachweisbar – als es der Schriftsteller kundtat. Ein Artikel über Karl May als generösen Spender in der „Salzwedel-Gardeleger Zeitung" vom 12. Mai 1898 war damals keine aktuelle, sondern eine nachträgliche Meldung vom 8. Mai über einen zur Zeit der Ausgabe der Zeitung bereits abgeschlossenen Vorfall. Er war allerdings nicht der einzige nachweisbare Zeitungsbericht über Karl May in Gartow.

Salzwedel-Gardeleger Zeitung.

Anzeiger für die Kreise Salzwedel und Gardelegen, sowie auch für die benachbarten Kreise Stendal und Osterburg und die hannoverschen Kreise Lüchow, Isenhagen, Uelzen etc.

Nr. 57.   Donnerstag, den 12. Mai 1898.   XVIII. Jahrg.

† Lüchow, 8. Mai. Der gestern fällige Monatsviehmarkt wies nur einen schwachen Antrieb auf, dagegen war die Zahl der anwesenden fremden Händler eine sehr große. Die Preise waren durchweg gut. Für junge, gut gebaute Milchkühe und tragende Färsen sogar hoch; der Umsatz war gut. Der Schweinemarkt war stark befahren, der Handel in Böllen und Ferkeln ging wieder flott; beste 6 Wochen alte Thiere wurden mit 16 und 17 Mk. bezahlt. Fremde Händler und Kleinbauern kauften viel. Schafe waren des regnerischen Wetters wegen nur wenig angetrieben. — In Gartow und Umgegend hält sich seit acht Tagen ein Mann auf, der durch seine Freigebigkeit viel von sich reden macht. Dr. May nennt sich dieser menschenfreundliche Herr. Nach eigener Erzählung ist er viel gereist, alle Erdtheile hat er bereits besucht, sogar „Häuptling" bei den Wilden war er schon. An Geld scheint es dem reichen Fremden nicht zu fehlen, er ist sehr splendit. 10 Mk. Trinkgelder hier und da sind Kleinigkeiten, auch Mildthätigkeit ist eine große Tugend bei ihm und erzählt man sich manchen schönen Zug, der einen kleinen Krösus in ihm vermuthen läßt. Im Uebrigen scheint der Unbekannte sich mit dem Literaten K. May, welcher durch seine hübschen Werke, die unter dem Titel „Reiseromane" bekannt sind, identificiren zu wollen. — wollen's abwarten, ob's geschieht.

Karl May hatte nach seiner Rückreise am 25. Mai 1898 an den Gartower Lehrer Friedrich Hinnrichs geschrieben:

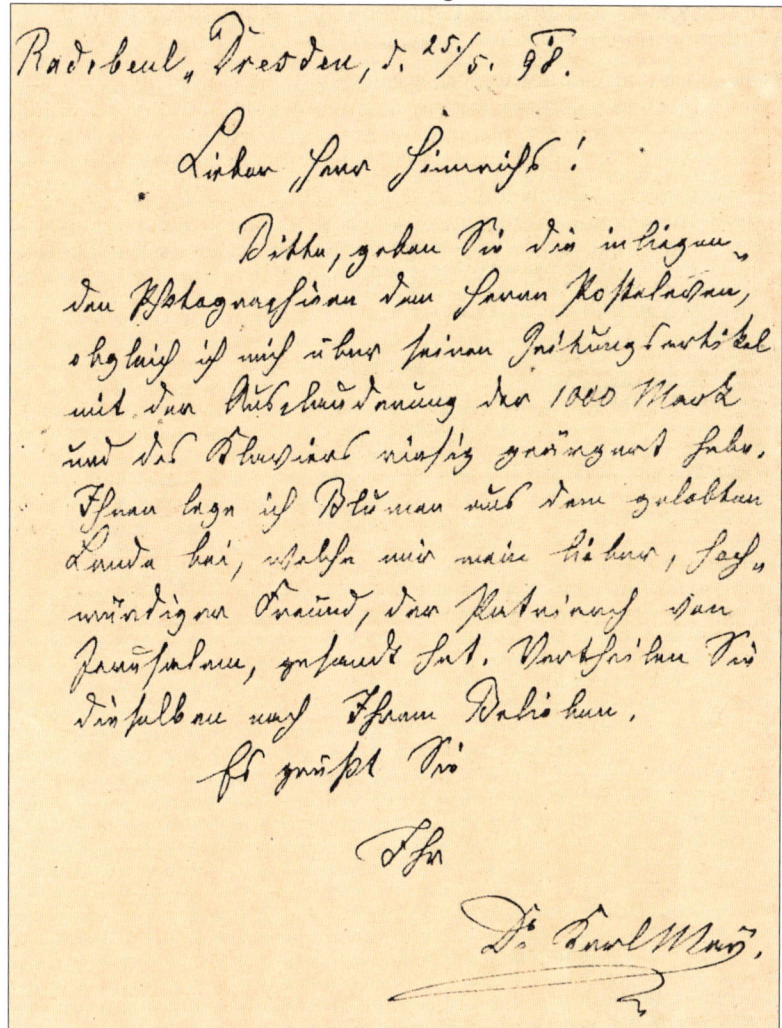

Lieber Herr Hinnrichs! Bitte, geben Sie die inliegenden Photographien dem Herrn Posteleven, obgleich ich mich über seinen Zeitungsartikel mit der Ausplauderung der 1000 Mark und des Klaviers riesig geärgert habe. Ihnen lege ich Blumen aus dem gelobten Lande bei, welche mir mein lieber, hochwürdiger Freund,

der Patriarch von Jerusalem, gesandt hat. Vertheilen Sie dieselben nach Ihrem Belieben. Es grüßt Sie Ihr Dr. Karl May.

Eine Zeitungsmeldung über eine Spende von 1000 Mark, zusammen mit der Erwähnung eines Klaviers, konnte bislang auch nach Durchsicht der Bestände in den einschlägigen Archiven der Region nicht ausfindig gemacht werden.

Doch die „Salzwedeler Nachrichten" können dagegen ein wenig mehr Licht ins Dunkel bringen:

Salzwedeler Nachrichten.

Unterhaltungs- und Anzeigenblatt für Stadt und Land.

Nro. 57.   Salzwedel, Donnerstag, 12. Mai 1898.   4. Jahrgang.

Gartow, 8. Mai. Gegenwärtig erregt hier ein Fremder durch seine Freigebigkeit erhebliches Aufsehen. Derselbe soll u. A. dem hiesigen Krankenhause eine namhafte Summe geschenkt und mehrere bedürftige Leute mit reichlichen Unterstützungen versehen haben. Der Fremde weilt hier seit einigen Tagen.

Die „namhafte Summe" für das Gartower Krankenhaus – das werden die von May genannten 1000 Mark gewesen sein. Um zu bemessen, welch ein Betrag das damals war, sei ein Vergleich mit der Vergütung herangezogen, die Dr. med. Ernst Röhrs in Diensten des Grafen von Bernstorff derzeit bezog (siehe Seite 57 f.).

Über das von May wohl bedachte „hiesige Krankenhaus" in Gartow schreibt der Heimatforscher Rudolf Haberland: „Ein im Torhaus des gräflichen Schlosses befindliches Krankenhaus bestand bis zum 31. März 1896. Bemühungen der Gemeindevertretung, für Gartow ein Krankenhaus zu erhalten, hatten Erfolg. Es gelang der Gemeinde, das den Erben des Kaufmanns Wilhelm Hahn gehörende Haus in der Hauptstraße (Nr. 27) für 9000 Mark als künftiges Krankenhaus zu erwerben … Im Herbst 1896 ging die Einrichtung in den Besitz von Gräfin Emma von Bernstorff über und stand bis zu ihrem Tode 1909 unter ihrer Leitung. Es war nur ein kleines Krankenhaus. Aber doch eine segensreiche Einrichtung."[11]

Das Krankenhaus, es bestand bis Ostern 1941, gelegen auf derselben

Straßenseite wie Krug's Hotel sechs Häuser weiter in westlicher Richtung, trägt bis heute mit goldenen Lettern an der Straßenfront die in einen durchlaufenden Holzbalken eingeschnitzte Inschrift „In Erinnerung an das Wirken und Wollen des Grafen Bechtold Bernstorff und seiner Gemahlin Tekla geb. Freiin Bibra soll dieses Haus zur Ehre Gottes den Kranken und Armen des alten Amts Gartow dienen. Die Gnade des Herrn währet von Ewigkeit zu Ewigkeit."[12] Eine Inschrift, die Karl May sicherlich berührt haben wird.

Das Gartower Krankenhaus, Hauptstraße 27, um 1900 (Postkarten-Ausschnitt).

Durch die erwähnte großzügige Spende Mays für dieses Hospital dürfte sich, wenn nicht bereits zuvor, ganz sicherlich ein Zusammentreffen mit dem Grafen von Bernstorff ergeben haben – und sei es über den Vorstand des Krankenhausvereins, der regelmäßig mit der Gräfin Emma von Bernstorff (1844–1909) als Vorstandsvorsitzende im „Deutschen Haus" von Adolf Krüger seine Sitzungen abhielt.

Der Besuch in Capern

Bevor es zu den Zeitungsberichten über Karl Mays Großzügigkeit hinsichtlich Trinkgelder und der Spende kam, gab es eine offensichtlich aufsehenerregende Begegnung – ein Zusammentreffen mit einer armen Familie in der Gaststätte der Familie Porath in dem nahegelegenen Dorf Capern, worüber Friedrich Hinnrichs später ausführlich berichtete.

Capern (seit 1936 Kapern), ein kleines Dorf mit einer imposanten neoromanischen, 1860 erbauten Kirche, liegt 8 km nordöstlich von Gartow entfernt, 3 km vor Schnackenburg, und ist heute ein Ortsteil dieser östlichsten Stadt Niedersachsens.

Ortsdurchfahrt in Capern von Gartow aus – links Gasthaus Porath

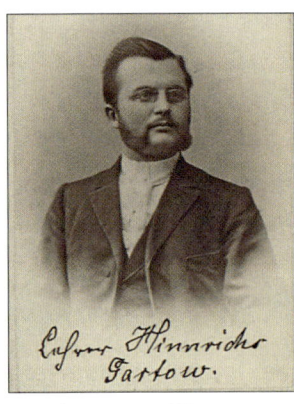

Aus dem Leser-Album – von Karl May May beschriftet.

Der Lehrer Hinnrichs beschrieb – als er bereits nicht mehr in Gartow lebte – im Karl-May-Jahrbuch 1924 einen Ausflug in beide Orte. Hier sein Bericht – abzüglich der überzogenen Schwärmerei für den Schriftsteller:

„Diesmal sollte die Fahrt nach Schnackenburg gehen; unterwegs kamen wir durch das Dorf Capern. Da es, wie schon gesagt, meinem Begleiter darauf ankam, Land und Leute kennen zu lernen, so wurde vor dem einfachen Dorfwirtshaus, mit dem ein kleiner Kramladen verbunden war, Halt gemacht. Wir stiegen aus, gingen hinein, und bald war Karl May in lebhaftem Gespräch mit der dörflichen Wirtin. Die Gaststube war sonst leer. Da öffnet sich die Tür und herein tritt ein kleines Mädchen, barfuß in ärmlicher Kleidung, um für ein paar Pfennig von diesem und von jenem zu kaufen. ‚Lieber Freund, sehen Sie doch die wunderbaren Kinderaugen, bis auf den Grund der Seele kann man schauen. Das Kind hat Hunger und Kummer.' Das zu mir sagen und sich dann voll Freundlichkeit zu dem Kind wenden war eins. Und bald öffnete sich der schüchterne Mund der Kleinen, und was May wissen wollte und was er erahnt hatte, erfuhr er. Die ärmlichsten Verhältnisse, die Mutter schwer krank, so sah es bei dem Mädchen zu Hause aus.... ‚Ach, wie erinnert es mich an meine Kindheit ... Frau Wirtin, was haben Sie denn alles zu verkaufen? Packen Sie ein!' Und so geschah es. ... Nachdem wir dem Kind aufgetragen hatten, am Abend, wenn wir zurückkämen, den Vater zu schicken, stiegen wir ein und fuhren weiter. ... Auf unserer Rückreise trafen wir dann den Vater.

Mehrere Goldstücke glitten in die Hand des Überglücklichen, der nun in der Lage war, seinem kranken Weib Stärkung und Pflege zukommen zu lassen."

Gasthaus Porath mit Lebensmittelhandlung in Capern. Aufnahme von 1906.

Somit haben Karl May und sein „Fremdenführer" Hinnrichs in Capern auf der Hin- und Rückfahrt den Gasthof von Joachim Heinrich Karl Porath und dessen Frau Anna Katharina Dorothea Porath (1847-?) besucht, der Wirtin, bei und mit der Karl May die Beschenkung vornahm. Das Haus wurde „Gasthof Porath" ohne weitere Zusätze genannt. Es ist ein noch heute bemerkenswertes Fachwerkhaus, von Gartow aus gesehen auf der linken Seite, mit der heutigen Adresse Dorfstraße 17.

Kerstin Beck
Die Poraths in Capern/Kapern

Die 1932 geborene Urenkeltochter des Gastwirtes Porath, Gertrud Vanselow, geb. Porath, erinnert sich: „Ich kam 1939 nach Kapern, weil ich dort bei der Familie bleiben sollte, durfte aber nach einem halben Jahr wieder zurück, weil ich großes Heimweh bekommen hatte. In der Familie wurde natürlich auch von Karl May erzählt.

Er war eines eines nach Kapern gekommen und stieg bei meinen Urgroßeltern in der Gastwirtschaft ab. Dort saß er zunächst in der Gaststube. In die Gaststube kam man ja, wenn man sich vom Flur aus gleich nach links wandte. Meine Großmutter, Marie Porath, geb. Beußel, war übrigens eine ganz adrette Frau, sie war vornehm, sehr sauber und ganz akkurat, und immer, wenn Besuch da war, hat sie sich eine gute Schürze umgebunden, sie war auch eine ganz liebe Frau; mein Großvater dagegen war sehr energisch und galt als rechthaberisch. Ich habe ihn meistens nur zu den Mahlzeiten gesehen, und er war dabei auch sehr streng.

**Gasthaus Otto Porath in Kapern um 1960 -
noch ohne die spätere Eingangsüberdachung (siehe Seite 104).**

Da passierte etwas, was für jahrelangen Gesprächsstoff in unserer Familie sorgte: Ein Mädchen aus dem Dorf trat ein und wollte in den gegenüber der Gaststube liegenden Laden. Dieser befand sich aber auf der rechten Seite des Hauses, also, wenn man in das Gebäude eintrat, musste man sich nach rechts wenden. Der

Laden war recht klein – wenn man vor dem Haus steht, das zweite und dritte Fenster vom Eingang aus gesehen nach rechts hin gehörten dazu – und wenn man dahin wollte, musste man aber zuerst in die Gaststube gehen, weil mein Urgroßvater sich ja dort aufhielt, wenn er Gäste hatte.

Das Kind kam also, um einzukaufen und bat darum, das Eingekaufte wie immer anschreiben zu lassen, doch als Karl May das hörte, stand er auf, ging mit dem Kind und meinem Urgroßvater mit in das Geschäft und packte den Korb voll mit Ess-Sachen – und nur gute sollen es gewesen sein! Daraufhin bezahlte er alles. Und in unserer Familie waren alle von seiner Menschlichkeit begeistert, dass er dem kleinen Kind und dieser armer Familie so geholfen hat! Wie das Kind geheißen hat, weiß ich aber nicht. Dann habe ich noch gehört, dass Karl May auch eine Nacht dort verbracht haben soll, denn meine Urgroßeltern hatten zudem auch Fremdenzimmer, die sie vermieteten. Es sind ja oft Leute mit Gespannen gekommen, die auch übernachten wollten."

Die Angabe, Karl May hätte dort übernachtet, dürfte wohl nicht stimmen, da er ja in Gartow nicht weit von Capern entfernt seine Unterkunft hatte – und Hinnrichs am nächsten Morgen wieder zu arbeiten hatte, ihn also nicht hätte abholen können.

Kerstin Beck
Das Geheimnis des kleinen Mädchens

Sollte es möglich sein, wenigstens den Namen des „kleinen Mädchens" zu ermitteln, welches vermutlich am Mittwoch, dem 4. Mai 1898, von Karl May in Capern so reich beschenkt worden ist – nach 113 Jahren?

Als erstes standen Befragungen auf der Tagesordnung. Was lag da näher, als mit Frau Gertrud Vanselow, geb. Porath, die dort 1939 für ein halbes Jahr bei ihrer Familie geweilt hatte, zu sprechen? Doch der Name des Kindes war der Frau nicht bekannt. Auch Poraths Nachbarin, Frau Eleonore Borchardt, geb. 1930, konnte keinen Namen nennen: „Mein Vater Walter Klare hat natürlich von dieser Begebenheit gesprochen, aber als Kind hat man dafür kein Interesse, und ein Name ist dabei nicht gefallen!" Nun gab es nur noch einen Weg – den zu den Annalen der damaligen Kirchengemeinde Capern und Holtorf, denn der von Friedrich Hinnrichs 1924 geschilderte Bericht enthält wertvolle Hinweise zur Identifizierung der Kleinen: Die Worte „… ein kleines Mädchen, barfuß in ärmlicher Kleidung …", „… das Kind hat Hunger und Kummer …", „…die ärmlichsten Verhältnisse …" deuten unfehlbar auf eine niedrige soziale Stellung, verbunden mit üblicherweise mehreren Geschwistern in der Familie, hin. Der Satzteil „... die Mutter schwer krank ..." erhärtet dieses noch und lässt – aufgrund mangelnder finanzieller Mittel für Arzt, Medizin und Pflege – auf einen möglicherweise baldigen Tod der Frau schließen. Und der Begriff „... den Vater zu schicken ..." beweist, dass es sich nicht um eine alleinstehende bzw. verwitwete Frau mit unehelichem bzw. einer Halbwaise als Kind gehandelt hat. Und niedrige soziale Stellungen wurden derzeit in Capern von „Arbeitsmännern" bzw. „Knechten" bekleidet, die als „Einlieger" den Ort bewohnten.

Die betreffenden Sterberegister wurden bis 1900 durchgeschaut und erbrachten folgende Einträge: 12 Todesfälle in Capern, dazu gehörten sieben männliche Gestorbene, zwei Kinder und eine 67jährige Witwe. Übrig blieben zwei Frauen, von denen die eine im Alter von 30 Jahren, eine vier- und eine elfjährige Tochter hinterlassend, gestorben war. Diese hatte jedoch erst 1899 geheiratet.

Und dann gab es noch einen anderen Eintrag – über eine 47jährige, aus Vietze als uneheliche Tochter einer Arbeiterin stammende Marie Dorothea Elisabeth Wäde, die am 12. April 1899 um 12.00 Uhr in Capern verstorben war. Sie hinterließ ihren Ehemann, den Arbeiter bzw. Tagelöhner Johann Joachim Wäde, sowie die beiden von ihr geborenen Kinder, Marie Sophie Henriette, geboren am 31. Oktober 1886, zur Zeit von Mays Besuch somit 12 Jahre alt, sowie die kleine, damals 10jährige

Minna Marie Mathilde Caroline Wäde,

geboren am 5. April 1888. Damit ist mit an Sicherheit grenzender Wahrscheinlichkeit das bewusste Mädchen gefunden!

Der Vollständigkeit halber sei noch erwähnt, dass Tagelöhner Johann Joachim Wäde, erwähnt auch als Wade, Waede und letztlich als Wede, bereits zwei Ehen hinter sich hatte und dessen zweite Ehefrau – einen Sohn hinterlassend – am 2. Juni 1882 gestorben war. Diese muss der Mann Jahre vorher in Aulosen geehelicht haben, denn das Register der Konfirmanden in Capern bezeichnet 1887 einen Johann Christian Wede mit eben diesen Eltern, geboren am 22. Juni 1873 in besagtem Ort. Der Junge wurde übrigens vom Superintendenten suspendiert – er muss – und auch dies spricht für gewisse unzulängliche Verhältnisse – bei der vor dieser vonstatten gegangenen Prüfung durchgefallen sein.

Die Eheschließung mit der von Hinnrichs genannten „schwer kranken Mutter" war am 26. November 1882 erfolgt. Welche Dramen sich in dieser Familie abgespielt haben mögen, ist nur zu erahnen. Und ob das Geld Mays von dem Vater wirklich für die Genesung seiner Frau verwendet wurde, kann man zumindest in Frage stellen.

(siehe hierzu auch Seite 105 f.)

Schnackenburg.

Wo im äußersten Osten unser Heimatkreis mit der Altmark und der Prignitz zusammenstößt, liegt das kleine Städtchen Schnackenburg. Hier fließt der Aland in die Elbe. Die Häuser von Schnackenburg liegen zum großen Teil auf dem Elbdeich. Wenn im Winter Hochwasser kommt, dann steigt es bei vielen Wohnungen bis zur Hoftür. Über den Aland führt eine Brücke. Sie muß in jedem Winter und oft auch im Sommer bei Überschwemmungen abgenommen werden. Im Frühjahr treibt der Hirte fast 300 Kühe auf den großen Werder am rechten Alandufer. Mitten auf dieser Weide liegt eine kleine Anhöhe, der Herzberg, dort soll früher einmal eine Ritterburg gestanden haben. Von allen Seiten war sie vom Wasser umschlossen, so daß die Feinde nur sehr schwer herankommen konnten. Die Ritter, die auf der Burg wohnten, mußten aufpassen, daß alle Schiffer ihren Zoll bezahlten. Die alten Leute im Ort wissen noch zu erzählen aus der Zeit, als hier eine Zollstelle war. Das Zollhaus liegt an der Nordostseite des Städtchens, wo der Aland in die Elbe mündet. Dort saß früher der Zöllner und wartete auf die Schiffe, die die Elbe abwärts nach Hamburg oder aufwärts nach Wittenberge, Magdeburg oder Berlin fuhren. Von allem, was der Schiffer auf seinem Kahn hatte, z. B. Korn, Zucker, Öl, Heringe usw. mußte er bestimmte Abgaben bezahlen, früher in Waren, später in Geld. Erst wenn er seine Quittung über den bezahlten Zoll hatte, konnte er weiterfahren. Da der Zoll in Schnackenburg viel Geld einbrachte, haben sich Kaiser und Könige, Herzöge und Kurfürsten um die Zollstelle gestritten. Früher einmal hat Schnackenburg zur Mark Brandenburg gehört, später bekamen es die Herzöge von Lüneburg. Für die Bürger von Schnackenburg brachte die Zollstelle auch gute Einnahmen; denn alle Schiffer, die hier anlegten, kauften für ihre Fahrt Lebensmittel ein.

Aus „Heimatbüchlein für den Kreis Dannenberg", Lüchow 1932.

Karl May in Schnackenburg

Eine erhalten gebliebene Notiz, die Karl May auf die Rückseite einer seiner Visitenkarten schrieb – *Den 4ten Mai 1898. Schnackenburg. Gasthof Kerkau.* – belegt den Ausflug, bzw. die Weiterfahrt nach Schnackenburg an diesem Tag, einem Mittwoch.

Mit *Gasthof Kerkau* notierte Karl May jedoch nicht die Bezeichnung der Gaststätte, sondern den Namen des Wirtes. Es handelt sich um das „Hotel Stadt Hamburg" in Schnackenburg, Elbstraße 1/Ecke Am Markt. Gastwirt und Eigentümer des Hauses war damals Friedrich Wilhelm Kerkau (1854-1899).

In Schnackenburg besuchte Karl May auch das Gasthaus „Stadt Hamburg" von Friedrich Wilhelm Kerkau, Elbstraße 1, gelegen an der Ecke zum Marktplatz. Postkartenansichten von 1905 und (links) 1910 (linke Giebelseite).

Kerstin Beck
Zur Geschichte des Gasthauses „Stadt Hamburg" in Schnackenburg

Direkt am Schnackenburger Marktplatz befindet sich an der Ecke Niedernstraße/Elbstraße ein markantes einstöckiges Fachwerkgebäude. Mit diesem unter der heutigen Adresse Elbstraße 1 geführten Anwesen war einst die „kleine Hausstelle" des Brauers Jochim Köhne, die 1728 infolge des verheerenden Stadtbrandes dem Erdboden gleichgemacht wurde, in etwa identisch. Doch unmittelbar danach ist das Anwesen wieder aufgebaut worden, als Nachfolger ist Jacob Friedrich Köhn benannt, wohl ein Sohn des Ersteren.

Als ein weiterer Nachfolger ist Friedrich Ernst Muchow genannt, und 1797 findet sich der Bürger, Bäcker und Brauer Daniel Ludwig Heinrich Persiehl als Eigentümer. Von 1835 bis 1837 fungiert Anna Elisabeth Persiehl, geb. Wiese (also aus Schnackenburg stammend) als Hausbesitzerin, es scheint dessen Witwe zu sein. Ab demselben Jahr erscheint ein neuer Eigentümer: der Bäcker Nicolaus Janeke und Schwiegersohn Anna Elisabeth Persiehls, und dieser ist es bis mindestens 1858. 1868 findet sich als Eigentümer dessen Sohn, Wilhelm Janeke, ein Bäcker und Gastwirt.

1889 gibt es wiederum einen neuen Eigentümer: den Gastwirt Friedrich Wilhelm Kerkau (Rufname Wilhelm). Dieser kam – und das ist typisch für ländliche Gegenden – noch weiteren Beschäftigungen nach: Ab 1892 pachtet er die – nahe seinem Gasthof gelegene und über die Elbe verkehrende – Fähre, und ab November 1898 wird ihm gestattet, einen „Todtenwagen" zu unterhalten, da die Stadt finanziell nicht in der Lage ist, ein derartiges Gefährt zu erwerben. Für eine Fahrt zum Friedhof samt Fracht nimmt der Unternehmer immerhin drei Mark ein. Und außer Frage steht eines: Durch seine Kunden ist Wilhelm Kerkau bestens über Land und Leute und über alle kleinen und großen Ereignisse informiert.

Zehn Jahre später, am 8. November 1899, und anderthalb Jahre nach seiner Begegnung mit Karl May, stirbt Kerkau im Alter von erst 45 Jahren, sieben Monaten und 2 Tagen; die Todesursache ist leider nicht bekannt. Auch die am 3. August 1889 geborene Tochter ist inzwischen jung gestorben. 1902 werden Otto und Frida Kerkau als Erben des Grundstückes erwähnt, die es aber verkauften, denn bereits ein Jahr später ist ein Carl Schröder, Brauereibesitzer in Arendsee, Eigentümer des Gehöftes. Vermutlich hat dieser das Besitztum wiederum veräußert – an den 1905 erwähnten W. Meyer, ein Gastwirt, der das „Hotel Stadt

Hamburg" führt. Spätestens 1917 ist das Hotel im Besitz von Otto Hörtelmann, der jedoch 1926 im Alter von 43 Jahren stirbt. Im folgenden Jahr übernimmt sein – ebenfalls Otto – geheißener Sohn die Wirtschaft. Im Besitz der Familie ist diese noch bis 1989. In diesem Jahr wird das Anwesen an Frau Carola Fuhrmann in Bremen verkauft – die Gaststätte existiert inzwischen nicht mehr.

Kerstin Beck
Was führte Karl May nach Schnackenburg?

Wie ein Keil schiebt sich heute die östlichste – und kleinste – Stadt Niedersachsens mit ihrer Gemarkung an die Grenzen der beiden Bundesländer Brandenburg und Sachsen/Anhalt heran.

Und auf diese bis in die jüngste Vergangenheit bestandene Grenzlage – Schnackenburg war bis zur Wiedervereinigung Standort der Kontrollstelle für den Transit- und Wechselverkehr der Binnenschifffahrt auf der Elbe – machte bereits der dortige Zollbeamte und Oberamtmann Joachim Friedrich von Koenemann (1704-1785) in seiner 1774 vollendeten Chronik des Amtes Schnackenburg mit den Worten „Es ist vordem das Amt sowoll zu Lande als Waßer von denen übrigen Lüneburgischen Landen gantz abgeschnitten, und rings umher gleich wie das Amt Clötze mit

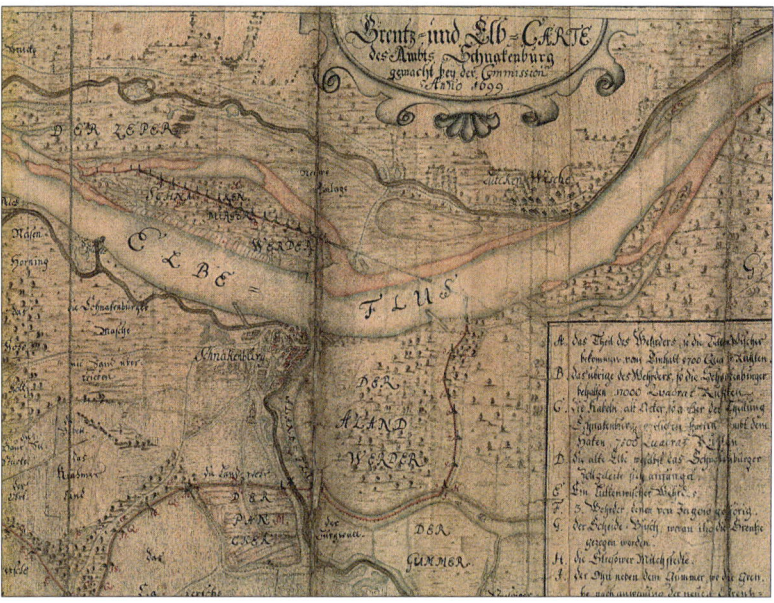

Grentz- und Elb-Carte des Ambts Schnakenburg" 1699

Brandenburgischen Territorio umgeben gewesen ..." aufmerksam. Dadurch bedingt, fungierte der Ort frühzeitig als Zollstelle – um 1400 ist erstmals ein Zöllner, namens Gottfried, erwähnt. Und wiederum bedingt durch die Grenzlage, stand der – stets sehr einträgliche – Zoll immer im Mittelpunkt der blutigen Streitigkeiten der angrenzenden Kurfürstentümer um dieses Gebiet.

Immerhin hat Schnackenburg zudem eine Sehenswürdigkeit zu bieten – die um 1200 errichtete einschiffige Kirche St.-Nicolai mit ihrem barocken Taufengel – doch diese wird kaum den weitgereisten Schriftsteller interessiert haben. Um seine historischen Studien im Raum Gartow zu ergänzen, war es für Karl May einfach selbstverständlich und notwendig gewesen, diesen alten Grenzort kennenzulernen.

Kerstin Beck
Die Familie Hinnrichs in Schnackenburg

Karl May freundete sich mit dem Lehrer Friedrich Hinnrichs an, der ihn mit seiner Kutsche zu den Sehenswürdigkeiten fuhr und ihn so mit Land und Leuten bekannt machte. So ist es angebracht, die Geschichte dieses Mannes und seine Beziehungen zu Gartow und Schnackenburg in diesem Rahmen näher zu betrachten.

Am 11. Juli 1844 wurde in „Zargleben", dem heutigen, in der Nähe der brandenburgischen Kreisstadt Perleberg gelegenen Ort Sargleben, Heinrich Christian Hinnrichs als Sohn des dortigen Vollhüfners Johann Christian Hinnrichs und dessen Frau Katharina Elisabeth, geb. Thies, geboren – vermutlich nicht als der erste Sohn des Ehepaares, denn er hat den dortigen Hof nicht übernommen. Die Eltern müssen in wohlhabenden Verhältnissen gelebt haben, so dass Heinrich Christian eine Ausbildung als Lehrer zuteil kommen konnte.

Wir finden ihn in Schnackenburg wieder. Am 11. Oktober 1870 heiratet er dort Dorothee Marie Auguste Riebe, die Tochter des dortigen, in der Niedernstraße ansässigen Bäckermeisters und angesehenen Bürgers Joachim Friedrich Riebe. Heinrich Christian ist zu dieser Zeit bereits als Lehrer (und auch Küster) tätig – schließlich gilt es von nun an, eine Familie zu ernähren.

Am 7. Juli 1873 wird den beiden ein Sohn, Joachim Heinrich Friedrich, dessen letzter Vorname auch sein Rufname werden wird, geboren. Doch das Glück dauert nicht lange – 15 Tage später stirbt die Mutter – übrigens im Alter von 20 Jahren – an Krämpfen infolge der Entbindung.

Bis 1909 war Vater Hinnrichs noch Lehrer in Schnackenburg. Als noch innerhalb dieser Zeit die Begegnung des Sohnes – der inzwischen in Gartow seiner Anstellung als zweiter Lehrer nachging - mit Karl May sowie am Mittwoch, dem 4. Mai, die Kutschfahrt nach Schnackenburg stattfand, haben beide möglicherweise dem nach wie vor in der Niedernstraße lebenden Vater kurz „Guten Tag" gesagt – schließlich befand sich das Hinnrichsche Anwesen nicht weit entfernt – es war das Nachbarhaus zum *Gasthof Kerkau*.

Friedrich Hinnrichs – Lehrer in Gartow und Burgdorf

An der Rückseite der Schule in Gartow: Friedrich Hinnrichs mit seiner Klasse, darunter die Tochter (1) und der Sohn (2) des Gastwirts Krug (siehe Seite 40).

Der Ex-Lehrer Karl May hatte mit Friedrich Hinnrichs einen zweifelsfrei ebenbürtigen Gesprächspartner und Informanten für seine Recherchen gefunden. Zudem wird der damals 25jährige Pädagoge ein sehr guter Kenner der Region gewesen sein. Er war von 1893 bis 1898 Lehrer der dreiklassigen Gartower Schule in dem 1860-61 erbauten Kantoratsgebäude Hauptstraße Nr. 5.

Unmittelbar nach dem nachfolgend geschilderten Ereignis ging Hinnrichs von Gartow fort und wurde Lehrer an der 2. Stadtschule (später Volksschule), blieb weiter im Kontakt mit dem Schriftsteller und war von 1900 bis 1935 Lehrer an der 1. Stadtschule (Mittelschule) in Burgdorf bei Hannover. Sein Verdienst war es, dass die Mittelschule 1914/15 ein eigenes Schulhaus am Celler Tor bekam. Ab 1922 wirkte Hinnrichs als Konrektor, und von 1899 bis 1934 als nebenamtlicher Lehrer an der gewerblichen Fortbildungsschule. Als Bürgervorsteher setzte er sich 1926 für den Bau eines Schwimmbades ein, das er noch bis zu seinem 75. Lebensjahr regelmäßig besuchte. Von 1899 bis 1934 war Hinnrichs im Nebenamt Lehrer und Leiter der gewerblichen Berufsschule. Mehr als 20 Jahre spielte er die Orgel der St. Pankratius-Kirche. Friedrich Hinnrichs starb am 26. August 1955 im Alter von 82 Jahren; daraufhin fand dieser verdienstvolle Mann auf dem Alten Friedhof von Burgdorf seine letzte Ruhestätte.

Zu Karl Mays Besuch in Gartow und der „Betreuung" durch Hinnrichs stellt sich die Frage, inwieweit der Lehrer für den Schriftsteller in diesen Tagen neben seinem Beruf Zeit gehabt hat. Die Ferienordnung (Quelle: Schulchronik Schnackenburg) weist für die Zeit 1888/89 für die betreffende Woche keine freien Tage auf. Hinnrichs kann May somit nur in den Nachmittagsstunden mit Land und Leuten bekanntgemacht haben.

Bildnis des Ehepaares Marie, geb. Budenberg (1881-1965), und Friedrich Hinnrichs (1873-1955).

Folgen einer guten Tat

Ein solches Ereignis wie das in Capern musste im Dorf sowie auch in Gartow – zumal es in einer Gastwirtschaft stattgefunden hatte – zum absoluten Gesprächsthema geworden sein.

Hinnrichs: „Nicht jeden Tag findet sich einer, der aus lauter Mitleid 100 Mark und noch mehr verschenkt. So etwas verbreitet sich schnell, und des anderen Tages war es in Gartow bekannt. Am übernächsten Morgen [Freitag, 6. Mai] fast bei Tagesgrauen klopft es mit kräftiger Hand an die Tür, hinter der Karl May noch der Ruh pflegt. ‚Im Namen des Gesetzes!' Erschrocken fährt unser Freund aus dem Bett, und als er notdürftig angekleidet die Tür öffnet, sieht er davor nicht einen, nein, gleich zwei Wachtmeister, die ihn fragen nach Nam' und Art und ihn prüfen auf Herz und Nieren. Scheckbuch und sonstige Papiere genügen nicht. ‚Ja, meine Herren, einen Auslandspaß habe ich nicht!' – ‚Dann dürfen Sie das Haus nicht verlassen, bis wir Antwort haben!' –

Eine Depesche wird nach Dresden geschickt. Und was antwortet der Radebeuler Gemeindevorstand? ‚Karl May hier wohnhaft, übt sehr gern Wohltätigkeit.' Das genügte den beiden Hütern des Gesetzes – und Karl May war wieder frei."

Hier hatte Karl May „Stubenarrest":
Das „Karl-May-Zimmer" im ehemaligen Krug's Hotel und der Blick von dort auf die Hauptstraße und das gegenüberliegende Haus. Vielleicht besuchten und trösteten ihn dort die Krug-Kinder und ließen sich dabei von ihm Abenteuergeschichten erzählen. Die Deckenverkleidung schuf die Firma von August Herbst (s. Seite 88).
Aufnahmen von 2011

Die Rückreise

Am 7. Mai 1898, einem Samstag, fand die offensichtlich beschwerliche und ungeahnt langwierige Rückreise aus Gartow über die Orte Capern, Bömenzien, Ziemendorf und Arendsee in Hinnrichs Kutschwagen bis zunächst Salzwedel statt.

Ein Zitat aus der „Dessauer-Geschichte" *Fürst und Leiermann* (1881) nennt den damaligen Weg – und zugleich Schauplatz des Geschehens: *Es war kurz nach dem Ausbruche des ersten schlesischen Krieges, als zwei Männer auf der Straße dahinschritten, welche nahe an der hannoverschen Grenze von Arendsee nach Ziemendorf führt.* Hinsichtlich seines geplanten Werkes wird Karl May selbstverständlich diese Strecke – und nicht etwa die kürzere zum Bahnhof in Lüchow – bei seiner Rückfahrt gewählt haben.

Zeitungs-Annonce vom 6. Mai 1898

Diese Route führte jedoch – sicherlich unbeabsichtigt – zu einer Verzögerung der Rückkehr nach Radebeul.

In einem, wohl am 7. Mai geschriebenen Brief aus Salzwedel an den Hotelier Wilhelm Anton Krug, schildert May dieses „Reise-Abenteuer": *Lieber Herr Krug! Wir sind zu dem Schnellzug nach Dresden hier zu spät angekommen – Dr. Karl May hat also auch Bekanntschaft gemacht mit den das Herz bewegenden Verkehrsverhältnissen, die jetzt ja auch nicht allerseits besser geworden sind, denn in den Schlaglöchern zwischen Gartow und Capern gleich nach der Straße nach Holtorf würde K. May heute als un-*

erfahren auf der Strecke wahrscheinlich steckenbleiben, weil er ja nicht wissen könnte, daß nur die eiligste Flucht auf den Sommerweg oder in Schneckentempo vor Berg- und Talkarussell retten kann – und so bleibe ich diese Nacht in Salzwedel. Ich sage Ihnen nochmals Herzensdank für ihre liebe und mir so wohlthuende Gastlichkeit und rufe Ihnen und allen denen, die ich in Gartow liebgewonnen habe, die zwei Worte zu: „Auf Wiedersehen!"
Ihr dankbarer Dr. Karl May.[13]

Auch hier zeigt sich kein Anflug von Ärger über das tags zuvor Geschehene. Unterwegs telegrafierte er zudem Hinnrichs aus Stendal *Gruß – Kuß – Schluß* und aus Schönebeck an der Elbe *Herzlichen Gruß.*[14] Nach dem ab 1. Mai 1898 gültigen Fahrplan für die Strecken Stendal – Uelzen und Oebisfelde – Salzwedel – Lüchow könnte der „verpasste Schnellzug" ab Salzwedel um 13.05 Uhr abgefahren sein, der dann um 14.05 Uhr Stendal erreichte und um 15.38 Uhr in Magdeburg war (und nach Berlin weiterfuhr), womit Karl May dann am darauffolgenden Tag – den Sonntag – in Magdeburg Anschluss an einen Zug nach Dresden hatte.

Das Hotel „Schwarzer Adler" (links). Postkarte von 1907

Den erzwungenen Aufenthalt nutzte Karl May sicherlich auch, um die erstmals im Jahr 1112 als Ort erwähnte damalige Kreisstadt im preußischen Regierungsbezirk Magdeburg zu erkunden. Der Schriftsteller übernachtete schließlich im Salzwedeler Hotel „Schwarzer Adler", Neuperverstraße 1/Ecke Breite Straße.

Das Hotel „Schwarzer Adler" in Salzwedel

In diesem markanten Gebäude in der Neuperver Straße bestand bis zur 1. Hälfte des 19. Jahrhunderts der Neustädter Ratskeller. Aus diesem ging das Hotel „Schwarzer Adler" – in dem Karl May in der Nacht vom 7. auf den 8. Mai 1898 logierte – hervor. Durch den Rathausbrand von 1895 sowie nicht mehr existierende Bauakten bleiben aber alle Aussagen zur Geschichte des Hauses etwas unsicher. Eckpunkte sind bestimmt der Verkauf des Ratskellers (ohne den Rathausturm) an den Stadtmusikus Lentz im Jahr 1820, die Übergabe des Neustädter Ratskellers von Madame Lentz an ihren Schwiegersohn Beckmann 1846 und in den 1880er Jahren die bauliche Erweiterung des Hotels mit dem Umbau des bis dahin frei am Haus stehenden Rathausturmes.

Nach dem längjährigen Hotelbesitzer Carl Wilhelm Beckmann wurde das Gasthaus zeitweilig auch nicht als „Schwarzer Adler", sondern als „Beckmanns Hotel" bezeichnet. Dieser hatte noch 1896 sein 50jähriges Betriebsjubiläum feiern können, übergab danach das Anwesen an seinen Geschäftsnachfolger – wohl an einen Mann namens Engelke – und starb am 6. Februar 1898 als Rentier. So hatte Karl May ihn bei seinem Aufenthalt nicht mehr kennenlernen können.

Eingang zu dem Hotel „Schwarzer Adler" in der Neuperverstraße.

Salzwedel, Kreisstadt im preuß. Regbez. Magdeburg, am Einfluß der Dumme in die Jeeze, Knotenpunkt der Staatsbahnlinien Stendal-Ülzen, Obisfelde-S. und S.-Lüchow sowie mehrerer Kleinbahnlinien, hat 3 evangelische und eine kath. Kirche, Synagoge, Gymnasium, Landwirtschaftsschule, Reichswaisenhaus, Amtsgericht, Hauptsteueramt, Zeugdruckerei, Färberei, Strumpfwirkerei, Baumkuchenbäckerei, Möbel- und Drahtfabrikation, Getreidehandel und (1905) mit der Garnison (3 Eskadrons Ulanen Nr. 16) 11,122 meist evang. Einwohner. — S., das alte Soltwedel, wird zuerst 1112 als Ort erwähnt. Die alte Burg (jetzt Eigentum des Kaisers) war die Residenz der Markgrafen der Nordmark; Albrecht der Bär erhielt sie 1134 als erbliches Reichslehen. S., als Handelsstadt bedeutend, gehörte zur Hansa und besaß 1314 bis 1488 das Münzrecht. Vgl. Pohlmann, Geschichte der Stadt S. (Halle 1811); Danneil, Kirchengeschichte der Stadt S. (das. 1842), und Geschichte der königlichen Burg zu S. (Salzwedel 1865).

Aus: Meyers Konversations-Lexikon 1905

Der Bahnhof in Salzwedel um 1900

Während seines Aufenthalts vom 7. auf den 8. Mai 1898 besuchte Karl May auch die in der Nähe gelegene Buchhandlung Gustav Klingenstein (derzeitiger Geschäftsführer Otto Horn) in der Reichestraße 15 (heute Burgstraße 4).[15]

Ansichtskarte um 1900 mit Abbildung der von Karl May besuchten Buchhandlung und der Angabe „Verl. v. Gustav Klingenstein Buchhdlg, Salzwedel"

Verlag und Buchhandlung Gustav Klingenstein in Salzwedel

Der Verlag Gustav Klingenstein wurde am 1. Oktober 1869 als Franzen & Große, Buch-, Kunst- und Musikalienhandlung, in Salzwedel gegründet (Allgemeines Adressbuch für den Deutschen Buchhandel, Ausgabe 1870 – folgend: AB). Am 8. Juli 1872 ging der Verlag käuflich an den Prokuristen Gustav Klingenstein über, welcher das Geschäft unter seinem Namen fortsetzte (AB 1873). Laut Nekrolog des Adressbuches, Ausgabe 1897, ist Gustav Klingenstein am 8. September 1896 im 53. Lebensjahr gestorben. Auch ihn wird May somit nicht mehr kennengelernt haben. Eigentümerin des Verlages wurde ab 8. September 1896 Frau Marie Klingenstein, geb. Schmidt. Im Adressbuch 1898 ist Otto Horn als Geschäftsführer genannt und wird ab 1. Juli 1904 Teilhaber (AB 1905). Laut AB 1905 geht das Geschäft in den Alleinbesitz Otto Horns über, unter „Erloschene und veränderte Firmen ..." wird das Ausscheiden von Marie Klingenstein gemeldet. Gemäß AB 1927 ist Otto Horn seit 1. Dezember 1923 Inhaber des

Verlages, er verstarb am 10. Februar 1927. Einem „Verzeichnis der Gewerbebetriebsanmeldungen" (Registerband im Bestand Bestand „Gewerbe und Wirtschaft", Stadtarchiv Salzwedel, hat zum 1. Juli 1925 für die Firma „Klingenstein, Gustav" folgende Eintragung: „Ummeldung der Buchhandlung von Reichestraße 15 vorübergehend nach Breitestr. 33 unter dem 1. Juli 1925 nach Gertraudenstr. 10 (Ecke Wallstr.)" – dieses scheint der Handschrift nach eine spätere Ergänzung zu sein; möglicherweise hat erst Anfang Juli 1925 der Umzug in die provisorischen Geschäftsräume in der Breitestraße 33 stattgefunden. Ab Adressbuch 1928 ist Johann August Rudolf Bluhm (1880-1947) mit Datum 22. Februar 1927 als Inhaber des Verlages genannt. Letztmalig wird der Verlag im Adressbuch 1942 aufgeführt. (ermittelt von Frau Carola Demirtel, Deutsche Nationalbibliothek, Frankfurt/M., ergänzt von Steffen Langusch, Stadtarchiv Salzwedel).

*

Am Sonntag erfolgte um 13.05 Uhr Karl Mays Rückreise vom Bahnhof in Salzwedel. Am Abend erreichte er Radebeul (heute: Radebeul-Ost), seinen Wohnort.

Der Bahnhof in Radebeul (Sachsen) zur Zeit Karl Mays – heute: „Radebeul-Ost". Text aus Meyers Konversations-Lexikon, Leipzig 1905. Die dort genannte Verbandstoff-Fabrik gehörte Richard Plöhn, dem Freund Karl Mays und Ehemann Klara Plöhns, die nach dem Ableben ihres Gatten May 1903 heiratete.

Radebeul, Dorf in der sächs. Kreish. Dresden, Amtsh. Dresden-Neustadt, in der Lößnitz, nahe der Elbe, Knotenpunkt der Staatsbahnlinien Leipzig-Riesa-Dresden und R.-Radeburg sowie einer Straßenbahn nach Dresden, 116 m ü. M., hat eine evang. Kirche, ein neues Rathaus, viele schöne Villen, eine Realschule mit Progymnasium, 2 Eisengießereien, eine große chemische Fabrik, 4 Maschinenfabriken, Fabrikation von Metallplakaten, Feigenkaffee, Marzipan, Waffeln und Kakes, Kartonnagen, Asbest, Verbandstoffen, Zementwaren, Parfümerien ec., Glasschleiferei, Sandbläserei, Firnissiederei, Formstecherei, ein Dampfsägewerk, Dampfziegelei, Dampfschiffahrt und (1905) 10,571 Einw. In der Nähe die Wilhelmshöhe (237 m), das Spitzhaus (241 m) und die Friedensburg (210 m), alle mit schöner Aussicht über das Elbtal. — R. wird zuerst 1349 urkundlich erwähnt.

Nach Gartow:
Karl Mays literarischer Neuanfang

Die darauffolgenden knapp 12 Monate bis zum Antritt seiner Orientreise ließen dem Schriftsteller eindeutig keine Zeit, das Vorhaben mit dem Theaterstück über den Fürsten Leopold I. zu verwirklichen. Denn neben seinem neuen Roman *Am Jenseits* und dem Lyrikband *Himmelsgedanken*, in den der Anfang des in Gartow entstandenen Gedichts *Zuversicht* (siehe Seite 50) einfloss, zeigt der Briefwechsel mit seinem Verleger schon ab 19. Mai 1898, welch dringende Arbeiten Karl May nach seiner Reise zu erledigen hatte, wodurch sein auch darin wieder erwähntes Vorhaben, die Dessauer-Posse zu schreiben, letztlich eindeutig vom Tagesgeschehen und weiteren Reisen verdrängt wurde.

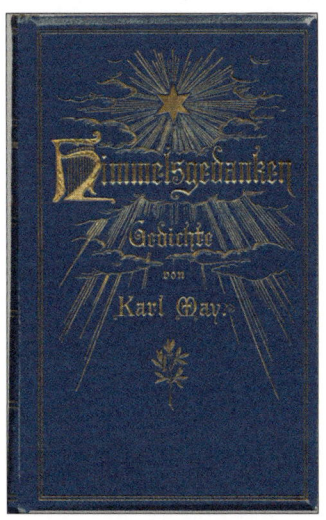

Der „Jubiläumsband", Nr. 25 seiner „Gesammelten Reiseerzählungen", *Am Jenseits*, erschien in Lieferungen ab März 1899; die Buchausgabe lag im April 1899 vor. *Himmelsgedanken*, Karl Mays einziger Lyrikband (heute: „Lichte Höhen"), erschien am 12. Dezember 1900 und enthält das in Gartow begonnene Gedicht *Zuversicht* (siehe Seite 50). Beide Bücher wurden vom Verlag Fehsenfeld, Freiburg i. Br., herausgegeben.

Mit dem wenige Wochen nach dieser Reise begonnenen und neben vielen anderen wichtigen und zeitraubenden Arbeiten für seine Werkausgabe bei Fehsenfeld auch relativ schnell beendeten Roman *Am Jenseits* wird allgemein eine schriftstellerische Zäsur bei Karl May attestiert. Dabei wurde bisher in der May-Literatur der Gedanke nicht in Erwägung gezogen, dass der Schriftsteller vor, während und auch noch nach seiner Wendland-Reise in der wohl glücklichsten und erfolgreichsten Zeit seines Lebens intensiv und wohl erstmals auch ganz konkret daran dachte, neue literarische Wege zu gehen: Karl May beabsichtigte, ein komödiantisches Theaterstück zu schreiben – vermutlich mit Bezug auf rund 20 Jahre zuvor von ihm veröffentlichte Erzählungen – um damit ernsthaft das zu verwirklichen, was er bereits 1892 geplant hatte. Diese Tatsache wurde noch bei keiner Betrachtung der literarischen Entwicklung Mays berücksichtigt, dagegen die Abkehr von dem mehrfach von ihm erwähnten „Dessauer-Projekt" apodiktisch anderen, in keiner Weise irgendwie belegbaren Gründen zugewiesen, wie zum Beispiel einem vermuteten Ärger über die Geschehnisse am Tag vor seiner Abreise aus Gartow.

Dadurch blieb bis heute auch der von Erich Heinemann ganz direkt gegebene Hinweis auf das Einwirken dieser Reise und der besuchten Margarethe Röhrs auf den Roman *Am Jenseits* – sowie vielleicht auch auf mehr wie Schilderungen von Gebäuden, Landschafts- und Personenbeschreibungen sowie Namen im Werk Mays nach 1900 – gänzlich unbeachtet.

Es dürfte müßg sein, über den Wandel Mays in seinem Schaffen zu spekulieren. Die bereits in dem Roman *Am Jenseits* erkennbare Hinwendung zu ihn schon lange Zeit zuvor beschäftigten übersinnlichen Themen deuten – was seine mit aktuellen Büchern dieser Jahre angefüllte Bibliothek belegt – auf tiefergreifende Gründe hin, den bisherigen schriftstellerischen Weg zu verändern.

Es wird wohl nicht ganz auszuschließen sein, dass auch die Begegnung mit den Mitgliedern der Stammtischrunde in Gartow – die ja als durchaus gestandene Persönlichkeiten offensichtlich an Mays vorgeblich selbst erlebte Abenteuer glaubten – den Schriftsteller nachdenklich hat werden lassen.

Jedenfalls gab es dort den letzten öffentlichen Auftritt Karl Mays als „Weltenbummler", „Abenteurer" und „Old Shatterhand", wenngleich es noch einige Zeit dauern sollte, bis er völlig von diesen Vorstellungen abrückte. Er schrieb am 8. Juli 1898, somit nur wenige Wochen nach seiner Rückkehr aus Gartow, an den Verleger Josef Vilimek in Prag: *Meine Bücher sind nicht zu beurtheilen wie die Bücher Anderer, auch* [Jules] *Vernes. Die meinigen sind nicht blos die Früchte langer und anstrengender Studien; […] sie sind, man kann es wörtlich nehmen, mit meinem Blute aus den Wunden geflossen, deren Narben ich noch heut an meinem Körper trage …*[16] Die besagten Narben waren kurz zuvor von dem Arzt Dr. med. Ernst Röhrs in Gartow bestätigt worden…

Noch einmal: Karl May und Gartow

Und ein kleines, 12 Jahre später stattgefundenes Gartower „Karl-May-Ereignis" ist noch hinzuzufügen. Auch dies erhärtet – wie die Telegramme von der Rückreise – die Tatsache, dass der Schriftsteller seinen Besuch in Gartow in guter Erinnerung behielt und das Erlebnis am letzten Tag seines Aufenthaltes als ein rundum harmloses Abenteuer ansah.

Der Musiker Carl Ball (1873-1928?) hatte für Karl May Musik zu dessen Schauspiel *Babel und Bibel* (Freiburg 1906) komponiert. 1928 schilderte er im Karl-May-Jahrbuch nach einem 1909 mit Karl May geführtem Gespräch ebenfalls die damalige Festnahme des Gastes aus Radebeul in Gartow: „May nahm die ganze Angelegenheit mit dem ihm eignen Humor. Im Kreise von Bekannten verbrachte man den Abend in launiger Weise, bis dann endlich – es war schon in der Nacht – ein Telegramm die behördliche Bestätigung der Mayschen Angaben brachte [...] Selbstverständlich wurde die Befreiung in gebührender Weise und bei kreisendem Becher gefeiert. Noch heute sehe ich im Geist das gütig lächelnde Gesicht Karl Mays vor mir, als er mir das Ereignis erzählte."

Carl Ball, Trompeter und Kapellmeister in Stade und Salzwedel, nach dem Ersten Weltkrieg zudem Kriminalkommissar. Der Musiker gab mit seiner Kapelle am 1. Dezember 1910 in Gartow ein Konzert.

Am 21. November 1910 wandte sich Carl Ball an May in Radebeul und schrieb: „Mein lieber verehrter Herr Doktor! [...] Sie waren vor mehreren Jahren einmal in der hiesigen Gegend u. z. in Gartow i/Hannover (Krs. Lüchow) in der Nähe der Elbe (zwischen Wittenberge u. Hitzacker) um, wie ich erfuhr, den Ursprung der Angelsachsen zu erkunden. Dort gaben Sie einem armen Kinde, welches Geld verloren hatte, ein Zehnmarkstück u. ebensoviel der armen Mutter. Ob dieser edlen Tat sah man Sie mit sehr vorsichtigen Augen an, als man dann aber erfuhr, wer Sie waren, wollte die Freude kein Ende nehmen. In diesem Orte wohnt noch jetzt ein Arzt Dr. Röhrs, welcher Zeuge der Begebenheit war, u. mir diese Sache erzählte. Ich habe nun in diesem Städtchen Gartow i/H. am 1. Dezbr. (also nächsten Monat) ein Konzert, wo wir alle, es gibt daselbst noch mehrere May=Anhänger, fröhlich beisammen sein werden. Wollen Sie da nicht mit unter uns weilen u. an mich eine Karte – möglichst mit Ihrem Bilde – senden? Ach, bitte, bitte, machen Sie uns die große Freude, u. nehmen Sie schon jetzt meinen

Dank. Adresse: Musikmeister C. Ball, z. Zt. Gartow i/Hann. Krs. Lüchow, Hotel „Deutsches Haus"; zum 1.12. Ach wird das eine Freude sein! – Indem ich nun um beste Empfehlung an „das Herzele, die Herrin Ihres Zeltes", bitte, die ich noch extra um Hülfe bei der Erfüllung meines Wunsches bitten lasse, bin ich unter tausend verbindlichen Grüßen stets Ihr Sie verehrender C. Ball, Musikmeister Ulanen 16."**17**

In seinem Bericht von 1928 ist weiterhin zu lesen: „Das geschah auch; groß war die Freude, als ich Brief und Bilder an jenem Abend feierlich überreichte."

Trompeterkorps der Treffenfeld-Ulanen, Salzwedel. Direktion: C. Ball, Kgl. Stabstrompeter.

Mit seiner Kapelle, den Salzwedeler Treffenfeld-Ulanen, gab Carl Ball aller Wahrscheinlichkeit nach im Hotel „Deutsches Haus" – wo er auch logierte – sein Konzert.

Fest- und Konzertsaal des Hotels „Deutsches Haus" (Postkarte um 1900).

Im „Hotel Krug" schrieb Ball dann am 2. Dezember 1910 eine Postkarte an Karl May, die außer von ihm auch vom Gastwirt, von August und Christian Herbst, Dr. Ernst Röhrs, deren Ehefrauen sowie vom Bürgermeister Adolf Bardien unterzeichnet wurde.

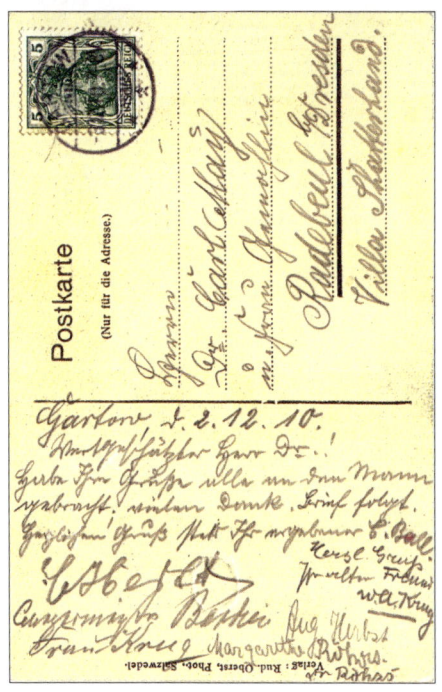

Die nebenstehende Karte wurde mit folgenden Texten beschrieben:

Vorderseite: „Sitzen augenblicklich in dem Zimmer, in welchem Sie so oft selbst gesessen hab[en].
[der Wirt Krug markierte sein Bildnis mit Pfeilen]

Rückseite:
Gartow, d. 2. 12. 10.
Wertgeschätzter Herr Dr.!
Habe Ihre Grüße alle an den Mann gebracht; vielen Dank. Brief folgt. Herzlichen Gruß stets
Ihr ergebener C. Ball.
Herzl. Gruß Ihr alter Freund W. A. Krug / C[hristian] Herbst / Bürgermeister Bardien / Aug. Herbst / Frau Krug / Margarethe Röhrs / Dr. Röhrs

Kerstin Beck
Holzherbst - Herbstholz

Am 13. März 1865 gibt es eine Eintragung in das Handelsregister des Amtsgerichtes Gartow, die langjährige Folgen haben sollte: Der einstige Zöllner aus Einbeck und nunmehrige Holzhändler Carl Georg Christoph Herbst eröffnet in Prezelle die Firma „C. Herbst".

Zwischen Prezelle und Gartow liegt nur Wald, und damit gibt es viel, viel Holz. Viele Arbeiter stehen in Lohn und Brot. Die Firma expandiert. Drei Jahre später wird der Handlung in Gartow ein Dampfsägewerk mit zwei Gattern angegliedert, und auch Sohn Christian betätigt sich in dem Familienunternehmen.

Ab 1890 führen Schienengleise von Gartow in das nahegelegene Elbholz. Eine Anlagestelle für Frachtkräne bietet die Möglichkeit der Verschiffung des Schnittholzes nach Hamburg und Lübeck. Und noch mehr Arbeiter stehen in Lohn und Brot.

1898: Wohnhaus der Familie Herbst (Postkarte 1907). 2011: Wohnhaus des Tierarztes Dr. Matthias Herbst und damit noch immer in Famlienhand.

Inzwischen erlernt dessen Sohn August im Alten Land, dem Obstanbaugebiet bei Stade mit vielen typischen Fachwerkgebäuden, den Zimmermannsberuf, besucht die Baugewerksschule in Buxtehude und ist ab 1894 in Gartow als selbständiger Unternehmer und Baugewerksmeister tätig. In den nächsten Jahren entstehen durch ihn in Gartow, Kapern, Nienwalde und Schnackenburg markante Bauten des „Schweizer Stils" – Häuser mit weiten Überständen an der Trauf- und Giebelseite mit verzierten Hölzern – zum Schutz des Fachwerkfassaden vor Witterungseinflüssen – so auch 1896 der Familiensitz in der Gartower Hahnenberger Straße mit reich verzierten Hölzern und Inschriften. 1908 übernimmt Christian Herbst jun. die Leitung der Gartower Holzhandlung und zudem die vier Jahre zuvor noch in Lüchow gegründete Filiale. Sein Bruder August dagegen erbt von Vater Christian sen. das Gartower Sägewerk. Und im Dezember 1910 unterschreiben beide Brüder die an Karl May gerichtete Ansichtskarte bei einem Beisammensein im „Hotel Krug" (siehe Seite 87).

Zu den markantesten der vielen von Holz-Herbst in Gartow geschaffenen Bauten gehört die nach 1900 entstandene Post – heute ein Wohnhaus.

1904 eröffnet Holz-Herbst eine Filiale in Lüchow – Christian Herbst übernimmt die Leitung des Unternehmens. 1920 wird die Herbst Holzhandlung in Lüneburg – heute Hauptsitz des Unternehmens – gegründet. Die Größe der Firma erfordert eine Teilung der Kompetenzen – August Herbst übernimmt die Betriebe in Gartow und Lüchow, Christian die Firma in Lüneburg.

1933 wird das Werk in Lüchow an den Unternehmer August Kohrs verkauft, und heißt fortan „C. Herbst, Holzhandlung" – heute „Holzhandlung Herbst Lüchow".

Bei den über 800 im Landkreis von August Herbst geschaffenen Gebäuden wurden nur heimische Hölzer verwendet und jedes fertige Haus zum Abschluss mit einem Weinstock bepflanzt. Anfang der 1930er Jahre wurde von den Kindern August Herbsts – Bernhard, Magdalene und Walther – eine Kommanditgesellschaft gegründet. Nach einem tödlichen Reitunfall Walther Herbsts 1972 übernahm dessen Sohn Günther den Betrieb. Aufgrund der veränderten Situation im Hamburger Holzhandelsmarkt musste die Firma erheblich verkleinert werden und wurde 2010 ganz aufgegeben.

Günther Herbst hat sich bereits seit Geschäftsübernahme – und später als ökologischer Architekt – auf die Konstruktion von „Herbsthäusern" spezialisiert: normalen sozialen Verhältnissen angepasste Zweiständer-Niedersachsenhäuser, zu deren Bau Mondholz verwendet wird; Anfang der 1980er Jahre kommt noch der Lehmbau und seit Ende der 1990er Jahre die Verwendung von Stroh hinzu.

Die Stätten der Karl-May-Reise heute

1898: Gasthof Wolff in Lanz. 2011: Gasthof Paesler, Inhaberin Beate Paesler in elfter Generation der Familie.

1898: Lenzener Post. 2011: seit 1965 Wohnhaus der Familie Wiesner.

1898: Gasthof „Zum Goldenen Stern". 2011: Wohn- und Geschäftshaus Mirko Hartleb. Aufnahme ca. 1990, kleines Foto von 2011.

Ein Besuch Mays im „Gasthof zum Goldenen Stern" in Lenzen, heute Seetor-Straße 33, ist dokumentarisch nicht gesichert. Allerdings ist es durchaus wahrscheinlich, dass May für seine Recherchen die damals noch vorhandene Gaststätte in Lenzen aufsuchte (siehe Seite 25).

Doch kann er davon nicht, wie die hier angebrachte Tafel aussagt, in dem Buch „Der Alte Dessauer" (erschienen 1921) berichtet haben. Die darin vereinten Geschichten entstanden weit vor der Reise ins Wendland und wurden erst posthum als Buch veröffentlicht. Das Haus in der Seetor-Straße wurde unter Beibehaltung der Fachwerkkonstruktion entkernt und zum Geschäfts- und Wohnhaus umgebaut. Leider entspricht inzwischen auch die Fensterfront – kleines Bild oben – nicht mehr, wie vor einigen Jahren noch, der historischen Fassade.

Kerstin Beck
Erstes Intermezzo: Zeitensprung
Wiedereröffnung der Lenzener Fähre 1989

Im Jahre 1420 wurde die Lenzener Fähre erstmals erwähnt – in einer Urkunde verkaufen die in Gartow residierenden Herren von Bülow die bis dahin innegehabte Fährgerechtigkeit an die Stadt Lenzen.

Diese alte – für die Wirtschaft der Region unerlässliche – Verkehrsverbindung wurde infolge der Teilung Deutschlands nach dem Ende des Zweiten Weltkrieges eingestellt. Und um so erfreulicher stellte sich die bald nach der Wende gefallene Entscheidung dar, endlich wieder eine erneute Fährverbindung einzurichten.

Der versperrte Blick am 2. Dezember 1989 durch den „Zaun" auf den jahrzehntelang verwaisten Lenzener Hafen.

Am 2. Dezember 1989 sollte es nun zu der Wiedereröffnung der Lenzener Fähre zwischen Pevestorf und Lenzen kommen, und zu diesem Anlass wurde sogar der niedersächsische Ministerpräsident Ernst Albrecht erwartet. Bevor dieser jedoch mit einer Schar von amtlichen Vertretern zum östlichen Ufer übersetzen konnte, musste der damalige Lenzener Bürgermeister Frank-Michael Voß den amtierenden Verkehrsminister in Ost-Berlin persönlich ansprechen und um die Erlaubnis für die Überfahrt der westdeutschen Fahrgastschiffe „MS Deutschland" und „Lüneburger Heide" bitten.

Natürlich war mir dieses Ereignis schon einige Zeit vorher zu Ohren gekommen, und mit einem – recht kleinen – Artikel gab ich dazu mein Debüt bei der in Lüchow erscheinenden Elbe-Jeetzel-Zeitung.

Als Leiterin des damals noch bestehenden Lenzener Burgmuseums hatte ich Kenntnis über die wechselhafte Geschichte dieser Einrichtung – wie auch die des Höhbecks – und mit der Fähreröffnung war mir klar: Hier wird jetzt Geschichte geschrieben – zwei uralte Grenzregionen, in der über zahlreiche Jahrhunderte hinweg Grenzstreitigkeiten getobt hatten und in denen das Blut ungezählter Leben bis weit in die Zeit des 20. Jh. hinein unnötig vergossen worden war, wurden nunmehr friedlich miteinander vereint.

Später sollte ich davon den zahlreichen Besuchern in meinen archäologischen Radtouren berichten, zusammen mit der damals in

Gartow tätigen Archäologin Dr. Monika Bernatzky-Goetze, mit der ich mich alsbald anfreundete – doch noch war es längst nicht soweit.

Wenige Tage vor der Wiedereröffnung sprach mich Bürgermeister Voss an und bat mich: „An der Fährstelle stehen doch die beiden Gedenksteine (der für den Deichhauptmann Adolf Freiherr von Wangenheim-Wake, aufgestellt anlässlich seines 40jährigen Dienstjubiläums sowie der Stein zur Erinnerung an den Chausseebau an der nach Mödlich führenden Straßenkurve), ziehen Sie doch bei beiden mal die Inschriften mit Farbe nach, damit die Gäste, wenn sie von der anderen Seite zu uns herüberkommen, nicht denken, dass wir Kulturbanausen sind!".

Gedenkstein an den Deichhauptmann Adolf von Wangenheim-Wake (1854-1936) an der Lenzener Fährstelle.

Dieses Ansinnen wunderte mich etwas, denn das hätte jeder in städtischen Diensten stehende Arbeiter sicherlich besser erledigen können. So nahm ich mir Farbe, Pinsel und eine Drahtbürste zum Abkratzen etwaiger bemooster Stellen mit – und einen Fotoapparat, denn mir war nicht ganz klar, was die nächsten Wochen bringen würden.

Die Ausführung dieses Auftrages stieß jedoch zunächst auf Hindernisse, da einige hundert Meter vor der Fährstelle am Elbufer der 500-m-Sperrzaun verlief, dessen Tor natürlich verschlossen war. Ich sprach den Kommandeur der Grenztruppe am Telefon an und bekam in brüskem Ton eine seltsame Antwort: „Mir ist nicht bekannt, dass es jemanden gibt, der an der Eröffnung einer Fähre Interesse hat!"

Diese Auskunft hinterbrachte ich schleunigst dem Bürgermeister, und so fuhr dieser meine Mitarbeiterin und mich in seinem Trabi hinunter zur ehemaligen und hoffentlich bald wieder bestehenden Fährstelle – ihn wagte schließlich niemand zurückzuweisen. Und so sah ich erstmalig den Gedenkstein an den Deichhauptmann – den ich längst von historischen Abbildungen her kannte – in natura. Es war ein eigenartiges Gefühl.

Aus Anlass der Neueröffnung der Lenzener Fähre wurde eine besondere Fahrkarte, die die Wappen der beiden Orte Lenzen und Gartow zeigt, geschaffen.

Ein Blick talwärts in Richtung des verwaisten Lenzener Hafens brachte ebenfalls freudiges Erstaunen: Nun war jahrzehntelang daran gearbeitet worden, an der „Grenze" ein freies Sicht- und Schussfeld zu schaffen; das Elbschlösschen war abgerissen worden, auch das Fährhaus und etliche andere Gebäude hier in der Nähe: Doch dort stand es unversehrt und hatte die Zeiten unbeschädigt überdauert – das Pegelhäuschen, welches ich längst in historischen Ansichten bewundert hatte.

Der 2. Dezember war gekommen – ein bitter kalter Tag voller Nebel und Rauhreif an den Bäumen. Gekommen war zudem eine Unmenge an Menschen, die dieses einmalige Ereignis miterleben wollten, und die sich am – noch immer verschlossenen – Tor des eisernen Gitterzaunes drängelten. Um 10.00 Uhr sollte dieses geöffnet werden, und zwei am Westufer bereitgestellte Fahrgastschiffe – die „MS Deutschland" und die „Lüneburger Heide" – waren als provisorische Fähren vorgesehen. Ein Bus-Shuttle, der den Besucheransturm aus dem „Osten" zum Treffpunkt in das Gartower „Haus des Gastes" bringen sollte, war „drüben" zudem organisiert worden.

Es war bereits kurz vor 10.00 Uhr, als ich das Gittertor erreichte, wo ich zunächst die sich davor gebildete Menschenansammlung fotografierte. Nun hieß es, mich unauffällig vorzudrängeln – ich wollte schließlich die erste sein, die den Durchgang passierte. Inzwischen waren auch Rufe laut geworden. „Tor auf!" drang es aus immer mehr Kehlen.

Wenige Tage zuvor hatte das Grenzkommando im „Niemandsland" hinter dem Gitter eine Art Wohnwagen stationiert und die Post eine Telefonverbindung zu diesem „Grenzstützpunkt" installiert – eine aufschlussreiche Tatsache, wenn man bedenkt, dass es in Lenzen Bürger gab, die seit mehr als 20 Jahren vergeblich auf ihr Telefon warteten.

Natürlich wurde das Portal von den Grenzern, die sich vor ihrer Station versammelt hatten, erst Punkt 10.00 Uhr geöffnet. Und was

Das Lenzener Elbufer am 2. Dezember 1989 kurz nach 10.00 Uhr: Die ersten wartenden Gäste haben sich am Fähranleger eingefunden.

Gemeinsam leiten der Bundesgrenzschutz (grüne Uniform) und die DDR-Grenzsoldaten den Besucherandrang auf die Fähre „zum Westen" Richtung Schnackenburg – ein Boot der DDR-Wasserschutzpolizei (unteres Bild re.) fungiert dabei als „Aufpasser"...

Der einst so unüberwindliche und unheimliche Grenzzaun auf dem Deich wirkt immer noch sehr bedrückend und bedrohlich ...

Wahre Menschenmassen haben sich eingefunden, um über die Elbe mit in den ersehnten „Westen" zu reisen. Im Hintergrund: Gruß aus einem Dorf nördlich von Lenzen mit „Deibow grüßt die Freiheit" …
… und am gemalten Galgen hängt die DDR.

Am 11. Dezember 1989 gab es die ersten offiziellen Pläne für regelmäßige Fährfahrten über die Elbe.

ich erst viel später erfuhr: Eifrig war daraufhin die Menschenmenge fotografiert worden. Und zudem: Der von mir belichtete Film, den ich wenige Tage später ins Fotoatelier zum Entwickeln gab, enthielt – nichts.

Nur mit dem Stempel der „Grenzübergangsstelle Lenzen" im Pass durfte man bis zur Wiedervereinigung die Lenzener Fähre benutzen.

Nach der mir inzwischen aus Berlin und anderen Grenzübergangsstellen wohlbekannten Stempelei – und exakt mit dem Aufdruck „Grenzübergang Lenzen" im Paß – konnte man nunmehr ungehindert zur Elbe gelangen. Dank meiner Drängelei war ich immerhin die zweite Person, die am Grenzposten vorbei auf dem ziemlich unwegsamen Feldweg in Richtung Fluß lief.

Das Ufer füllte sich inzwischen mit Menschen, die – etwas außer Atem – nun der Ankunft der Schiffe harrten. Unauffällig glitt dabei ein Boot der DDR-Wasserschutzpolizei in den gewesenen Lenzener Hafen. Zum Aufpassen – wie ich später von einem Bekannten erfuhr.

Nach kurzer Zeit kam das kleinere der beiden Fahrgastschiffe herüber und machte an unserem Ufer fest. Mit großer Freude und Akkordeonmusik wurde dabei der niedersächsische

Von DDR-Grenzern dokumentiert: Ernst Albrecht, Ministerpräsident von Niedersachsen, Hans Borchardt, Direktor der Samtgemeinde Gartow und Klaus Legner, Bürgermeister der Samtgemeinde Gartow, betreten am 2. Dezember 1989 erstmalig das DDR-Ufer.

Von DDR-Grenzern dokumentiert: Kurt Draheim, 1. Sekretär des Rates des Kreises Ludwigslust und Hans Borchardt, Direktor der Samtgemeinde Gartow, begrüßen einander.

Ministerpräsident Ernst Albrecht begrüßt, der alsbald von einem der Unsrigen einen Kranz mit Würsten um den Hals gehängt bekam und von fröhlichen Anwesenden umringt wurde – seine Rede war selbstverständlich kaum zu verstehen. Und so kam es, dass am nächsten Tag der derart nahrhaft bekränzte Ministerpräsident als großer „Aufmacher" in der Elbe-Jeetzel-Zeitung zu betrachten war.

Aus Versehen geriet ich auf das größere der beiden Schiffe, welches sich weitaus langsamer mit Menschen füllte und daher erst viel später zur anderen Uferseite gelangte. Schier endlos schien die Zeit, bis es endlich ablegen und zum niedersächsischen Ufer steuern konnte. Hier standen nun Beamte des Bundesgrenzschutzes, die die Gäste überaus freundlich begrüßten. Und trotz aller Euphorie, die auch auf mich übergegangen war, blieb mir eine weitere Beobachtung nicht verborgen: Die herübergekommenen Passagiere wurden von einigen Beamten genau gezählt. Später erfuhr ich auch, dass man das in den folgenden Fährtagen fortsetzte.

Ausgemacht war, dass mich auf der anderen Seite mein Cousin Hans-Joachim Borchardt aus Kapern erwartete. Schließlich hatte auch ich, wie viele andere, Verwandte auf der anderen Seite im „Westen", und die 40 Jahre andauernde Trennung hatte es nicht vermocht, diese Bande zu zerstören.

Da stand er nun direkt an der Pevestorfer Buhne, und nach einer herzlichen Begrüßung fuhren wir in seinem Auto nach Gartow, so dass ich keinen der bereitgestellten Busse zu benutzen brauchte.

Doch als ich in das „Haus des Gastes" gelangte, waren die offiziellen Reden schon gehalten worden, der Ministerpräsident war mit seiner Gattin per Hubschrauber längst davongeflogen. Aber immer mehr Menschen fanden sich zum kostenlosen Mittagessen ein. Es gab Steak mit Erbsen und Kroketten, die Getränke wurden in Strömen konsumiert, und so konnte die Stimmung nicht besser sein. Wie ich nach meiner Heimkehr hörte, sollen an diesem Freudentag zudem Unmengen an Gläsern und Bestecken den Heimweg nach Lenzen und Umgebung mit den froh gestimmten Leuten angetreten und der Wirt am Nachmittag kaum noch etwas zum Einschenken gehabt haben.

Die Autorin mit ihrem „westlichen" Onkel Hans Borchardt am 2. Dezember 1989 im „Haus des Gastes" in Gartow.

Meine Verwandten fragten mich: „Wo willst du nun hin?

Sollen wir dich nach Celle oder Uelzen fahren, damit du dir dort die Museen ansehen kannst? Aber für mich gab es nur eine Antwort: „Ich möchte nur eines – nach Schnackenburg!"

„Aber da ist doch nichts los!" bekam ich zur Antwort. Nun, für mich schon, denn als gebürtige Lütkenwischerin hatte ich das Städtchen jahrzehntelang vor Augen gehabt und es war für mich ferner gewesen als der Mond.

Doch zuvor sollte ich noch etwas Interessantes zu wissen bekommen. Mein in Gartow als Samtgemeindedirektor tätiger Onkel Hans Borchardt, lud mich in sein Büro ein und sagte zu mir: „Ich will Dir etwas zeigen, was beweist, dass Eure Offiziellen bis zuletzt dagegen gewesen sind, hier noch einen Grenzübergang zu schaffen". Aus einer Schublade holte er ein Fax aus der DDR ohne Anrede und Unterschrift mit dem lapidaren Wortlaut: „Ich habe eine Information für Sie. Dem Antrag auf eine Fähre bzw. Grenzübergang bei Elb-Kilometer 484,5 wird nicht stattgegeben.".

Das passte. Das passte nahtlos zu all dem, was ich in den letzten Tagen an Beobachtungen hatte machen können. Und das hier war so etwas wie eine kleine Wende innerhalb der ganz großen …

Etwa ein halbes Jahr nach diesem denkwürdigen Tag erhielt ein Grenzer die Weisung, die damals gemachten Fotos zu entsorgen. Er führte diesen Auftrag aus, indem er das besagte Päckchen mit den Aufnahmen an unseren Gartenzaun steckte und seiner Wege ging. Eine Aufnahme zeigt mich – wie ich mich gerade durch das kaum geöffnete Zauntor hindurchquetsche.

Der Fährverkehr über die Elbe wurde fortan mit der kleineren „Deutschland" täglich fortgesetzt, und der Ablauf war immer derselbe: Auf unserer Seite kontrollierten und stempelten die Grenzer, und auf der Pevestorfer Seite begrüßten und zählten die Beamten des BGS. Zudem gab es einen Bus, der zu bestimmten Zeiten die Ausflügler an der dortigen Fährstelle abholte und wieder zurückbrachte.

Erst im Zuge der Wiedervereinigung verschwand dann die „Grenzübergangsstelle" am Lenzener Fähranleger, zudem war das Fahrgastschiff „Deutschland" inzwischen durch eine von der Mosel beschaffte Wagenfähre ersetzt worden, womit der Lenzener Binnenschiffer Erich Butche - reit seinen eigenen Fährbetrieb eröffnen konnte.

Groß ist der Andrang auf die Lenzener Fähre auch in den Monaten nach der Eröffnung der Fährverbindung – und noch immer steht der Zaun auf dem Deich.

1898: Lenzener Fähre. 2011: Fährbetrieb Erich Butchereit.

1898: Hotel August Schulze. 2011: Wohnhaus Hauptstraße 23
der Familie Wolfgang Ackermann.

**1898: Hotel Krug.
2011: Geschäftshaus.**

Gedenktafel an den Karl-May-Besuch im Eingang des Geschäftes mit falscher Monatsangabe. Fotos von 2010.

Treffenaufgang zu den ehemaligen Hotelzimmern. Foto von 2011.

Im ehemaligen Gartower „Hotel Krug", Hauptstraße 15, befindet sich im völlig umgestalteten unteren Bereich der einstigen Gastwirtschaft jetzt „Gartows Bioladen & Café"; die übrigen Räume im ersten Stock wurden zu Geschäftsräumen umgebaut. An May erinnert die im Eingangsbereich frei aufgehängte Tafel. Das Haus gehörte der Samtgemeinde Gartow bis 2011 und steht – wie alle Häuser der Gartower Hauptstraße – heute unter Denkmalschutz.

Das erste Wohnhaus der Familie von Dr. med. Ernst Röhrs, das Karl May besuchte, lag in der Hauptstraße, schräg gegenüber der St. Georg-Kirche (siehe Seite 54). Es fiel 1945 dem Krieg zum Opfer. Heute befinden sich dort neben der Gräflichen von Bernstorff' schen Forstverwaltung Grünanlagen. Das „Forsthaus" in Gartow mit der zweiten Wohnung der Familie Röhrs (ab 1909) – auch später praktizierte hier Gartows Arzt und wohnte auch der Forstmeister – wurde am 21. April 1945 „durch einen Panzer in Brand geschossen."[18] Es wurde an gleicher Stelle, Hahnenberger Straße 4, jedoch in anderer Form, wieder aufgebaut. Dr. med Ernst Röhrs zog 1911 mit seiner Familie nach Hildesheim, um seinen Söhnen – alle wurden Mediziner – den Besuch des Gymnasiums und danach Anfang der 1920er Jahre das Studium in Hamburg zu ermöglichen. Dr. Röhrs praktizierte dort erfolgreich weiter und verstarb 1936, seine Frau Margarethe 1956. Beide fanden ihre letzte Ruhestätte in Maschen.

Die Schlossanlage in Gartow. Aufnahme vom März 2010.

Das Schloss der Familie Andreas Graf von Bernstorff in Gartow, Hauptstraße 6, ist seit der Zeit Karl Mays unverändert erhalten geblieben. Die baulich interessante Anlage kann nur zu bestimmten Anlässen besichtigt werden.

**1898: Gartower Krankenhaus (1896 bis 1941).
2011: Wohn- und Geschäftshaus.**

1898: Gartower Schule. 2011: Wohnhaus Familie Karl-Heinz Michaelis.

1898: Hotel „Deutsches Haus". 2011: ungenutztes Gebäude.

1898: Gasthaus Porath in Capern. 2011: ungenutztes Gebäude.

Das Gasthaus Porath im Schnackenburger Ortsteil Kapern, Dorfstraße 17, in der Karl May eine Familie beschenkte, ist in seiner äußeren Gestalt erhalten geblieben. 1997 wurde links neben dem Eingang eine Tafel im Gedenken an Karl May und dessen fürsorgliche Großzügigkeit angebracht. Das Wirtshaus wird seit langem nicht mehr bewirtschaftet – das schöne historische Fachwerk-Gebäude scheint leider dem Verfall ausgeliefert zu sein.

Oben: Blick vom Flur in die Gaststube vom Flur – unten: Blick aus der Gaststube durch den Flur auf die Eingangstür zum einstigen Laden. Aufnahmen von 2011.

Kerstin Beck
Zweites Intermezzo:
Wo blieb die Familie Wäde?

Die wohl härteste Nuss, die es für mich in diesem Vorhaben zu knacken gab, war, den Spuren der Familie des kleinen beschenkten Mädchens aus Capern zu folgen (siehe Seite 67 f.).

Es gab nämlich ein Problem: Ab 1900 ist kein Mitglied der Familie mehr namentlich in den Kirchenbüchern von Holtorf/Capern erwähnt – weder in den Konfirmationsregistern, in denen die allmählich erwachsen werdenden Kinder hätten auftauchen müssen, noch in den Abendmahls-Listen.

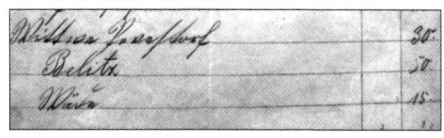

Unterschrift „Wäde", die bezeugt, dass in einer Spendenaktion 15 Pfennige gegeben worden sind.

Das machte zunächst sehr stutzig. Sollte die Familie weggezogen sein – vielleicht gar nach Amerika? Doch das war auszuschließen – in einer Familie, in der die Kinder barfuß gehen (müssen), gibt es kein Geld für große Umzüge.

Aus dieser Überlegung heraus wurden sämtliche Kirchenbücher der Umgebung – betreffend die Orte Schnackenburg, Gummern, Stresow, Holtorf, Restorf, Brünkendorf, Pevestorf, Vietze, Gartow und Nienwalde nach Konfirmations-, Sterbe-, Geburts- und schließlich auch Heiratseinträgen durchsucht, doch nirgends war der Name Wäde verzeichnet. Auch das brandenburgische Lütkenwisch kam definitiv nicht in Frage – hier hatte es seit Beginn der Aufzeichnungen niemals eine Familie mit diesem Namen gegeben.

Sollten diese Leute die Konfession gewechselt haben oder gar aus der Kirche ausgetreten sein? Auch das war auszuschließen, denn so etwas kam nicht vor, und wenn, wäre dieser Umstand akribisch vermerkt worden.

Nun existiert im Holtorfer Pfarrhaus noch ein gewisser Bestand historischer Schulakten. Ob sich in diesen Unterlagen Hinweise auf den Verbleib der Familie finden ließen, war eher zweifelhaft, doch um diese Ungewissheit auszuschließen, wurde die Durchsicht vorgenommen.

Und hier war kein langes Suchen notwendig. Bereits das erste aus dem Schrank herausgenommene Aktenpaket brachte eine interessante Entdeckung und damit die Lösung:

Die Wädes hießen in Wirklichkeit – Schulz!

Wie war das möglich?

Alle drei Jahre wurde in Capern ein Schulvorstand neu gewählt, und behuf dieser Aktion wurden Listen der zu dieser Wahl herangezogenen Personen – der Väter der schulpflichtigen Kinder – mit Namen und jeweiligem Beruf aufgestellt. Dort findet sich in den mehrfach vorhandenen Akten auch der Eintrag „Schulz", doch wiederholt mit einer wichtigen Korrektur: „genannt Wäde". Dieses Phänomen wurde bereits in anderen Kirchenbüchern festgestellt. Und die Erklärung dafür ist sehr einfach.

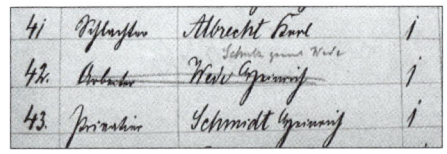

Hier fand sich die Lösung: „Schulz genannt Wede (Wäde)" beweist, dass die Wädes in Wirklichkeit Schulz hießen.

Wir haben bei diesen „genannten" oder mit „alias" bezeichneten Namen immer uneheliche Kinder vor uns, die – und wie sollte es in einem Dorf auch anders sein – mit ihrem Nachnamen allgemein nach ihren leiblichen Vätern bezeichnet wurden. Durchgesetzt hat sich dann natürlich letztlich doch der „amtliche" Name.

Aus diesem Anhaltspunkt heraus wurden die Caperner Kirchenbuch-Einträge erneut durchgesehen. Und der Name Schulz fand sich reichlich – doch nachweislich immer nur in dieser einen Familie.

Da aufgrund des nicht vorhandenen Sterberegisters 1877 bis 1944 keinerlei Aussagen über die vollständigen Lebensdaten der Familienmitglieder getroffen werden können, mögen die Angaben über die Geburten genügen.

Der 1873 geborene Johann Christian Schulz – genannt Wäde – und späterer Dienstmann in Capern, sorgte für eine zahlreiche Nachkommenschaft. Bis 1913 wurde er Vater von fünf Söhnen und drei Töchtern, die seinem sozialen Stand – soweit erkennbar – treu blieben. Die Spur der Nachkommen dieser Kinder wiederum geht in verschiedene Orte: nach Pollitz, Trebel und Prezelle.

Ein Zweig dieser Familie ist sogar dem Ort Kapern treu geblieben – es sind die Nachkommen des letzten – und sämtlich mit demselben Namen versehenen Sohnes – Martin Friedrich Wilhelm Schulz.

Und nun war es auch keine Kunst mehr, das ehemalige Anwesen dieser armen kinderreichen Familie zu finden. Hier konnte sich Lore Borchardt aus Kapern noch sehr gut erinnern: „Das ist das heutige Haus Dorfstraße Nr. 31".

Trauf- und Giebelseite des von Karl May *Gasthof Kerkau* genannten Hotels „Stadt Hamburg" in Schnackenburg, Elbstraße 1.

Reste der alten Wandbemalungen des Hotels. Aufnahmen von März und September 2011

Auch der von Karl May so benannte *Gasthof Kerkau*, das „Hotel Stadt Hamburg" in Schnackenburg, Elbstraße 1/Ecke Am Markt, wird seit längerer Zeit ebenfalls nicht mehr bewirtschaftet und ist unbewohnt. Die Grenzöffnung und die „Wende" haben dem einst wegen seines „Blicks in die DDR" beliebten grenznahen Ort direkt an der Elbe eine wichtige Attraktion genommen, wovon zuvor besonders die Gaststätten und Hotels der Stadt profitierten – und danach etliche schließen mussten.

1898: Hotel „Schwarzer Adler" in Salzwedel. 2011: Tourist-Information.

Der Hotelbetrieb des Gasthauses „Schwarzer Adler" in Salzwedel, Neuperverstraße 1/Ecke Breite Straße, in dem Karl May bei seiner Rückreise übernachtete, wurde bis zur Wende 1989 fortgeführt. Heute gibt es dort das Restaurant „Amadeus" mit eigenem Biergarten und einem schönem Blick auf die Jeetze sowie das Café „Treff im Adler-Horst" der Salzwedeler Baumkuchen GmbH mit einem Saal für etwas größere Veranstaltungen im Obergeschoss.

Der markante Turm gehörte einst zum 1618 erbauten Neustädter Rathaus. Links neben dem Turm an der Seite zur Neuperver Straße – am früheren Eingang zum Hotel – befindet sich im Erdgeschoss die Tourist-Information. Während der Öffnungszeiten besteht die Möglichkeit, den Rathausturm zu besteigen (nach Mitteilungen und Recherchen von Steffen Langusch, Stadtarchiv Salzwedel).

In diesem Gebäude, heute Burgstraße 4, befand sich die Buchandlung von Gustav Klingenstein.

Soweit die Spuren der tatsächlichen Reise Karl Mays nicht nur durch das Wendland. Spuren davon sind in dem Roman *Am Jenseits* und in der Gedichtsammlung *Himmelsgedanken* zu finden. Den lokalen Hinweisen in dem Sammelband „Der Alte Dessauer" ging 1935 der Berliner Studienrat Ernst Wehde[19] im bereits erwähnten „Heimatboten" nach. Seinem Beitrag „Karl May in unserer Heimat" entnehmen wir die nachstehenden – leicht bearbeiteten und etwas gekürzten, doch den Kern der „Dessauer-Geschichten" treffenden – Anmerkungen.

Ernst Wehde (1935)
Karl May in unserer Heimat

Weniger bekannt dürfte es sein, das Karl May, neben seinen Abenteuer-Erzählungen, sich auch mit unserer Heimat beschäftigt hat. Er tat es besonders in einigen Novellen, die zu seinen Erstlingswerken gehören und mit anderen Erzählungen unter dem Titel „Der alte Dessauer" zu einem Bande vereinigt worden sind.

Wie der Buchtitel besagt, steht im Mittelpunkt der Handlung Fürst Leopold I. von Anhalt-Dessau (1676-1747). Die Person des alten Haudegens lässt schon vermuten, dass es sich in diesen Humoresken um die Anwerbung der langen Kerle für die preußische Armee handeln wird. Das Werberwesen blühte natürlich nicht nur innerhalb der eigenen Landesgrenzen. Gar oft wurden die Streifzüge in das Nachbargebiet gemacht und fremde Landeskinder mit Gewalt in den bunten Rock gesteckt.

Da diese Verfahren wechselseitig geübt wurden, hatten darunter die Landesfürsten weniger, die Landesbewohner aber desto mehr zu leiden. Für solche Grenzfahrten schien Karl May unsere engere Heimat besonders geeignet zu sein, weil sich dieser Zipfel Hannovers wie eine Landzunge zwischen Altmark und Prignitz schiebt.

Der Weg von Salzwedel oder Arendsee bis nach Lenzen war nicht weit, und ein Streifzug durch den dazwischen liegenden Teil Hannovers bot gute Aussicht auf Erfolg. Dass in den Erzählungen neben den Werbungen militärischer Natur noch Werbungen ziviler Art parallel laufen, die sämtlich zu einem glücklichen Ende führen, sei beiläufig erwähnt. Das humoristische Moment bringt Karl May aber vor allem dadurch hinein, dass er den alten Dessauer das Land in Verkleidung durchwandern lässt.

Die erste der für uns in Betracht kommenden Geschichten führt den Titel *Ein Fürstmarschall als Bäcker* und spielt im Jahr 1726. Hier nimmt der Alte Dessauer in Wustrow bei Lüchow eine Stelle als Bäckergeselle an, um geeignete Rekruten auszuwählen. Sein Gegenspieler ist Prinz Friedrich Ludwig, der älteste Sohn des Kronprinzen von Großbritannien und Hannover. Zur Unterstützung einer gewaltsamen Werbung in dem preußischen Lenzen lässt er Hilfstruppen aus Dannenberg kommen und einen Teil von ihnen nach Gartow zu an der Grenze halten. Dass diese Werbungsmaßnahmen nicht zugunsten Hannovers ausfallen, lässt sich aus der Einstellung des Verfassers unschwer vermuten.

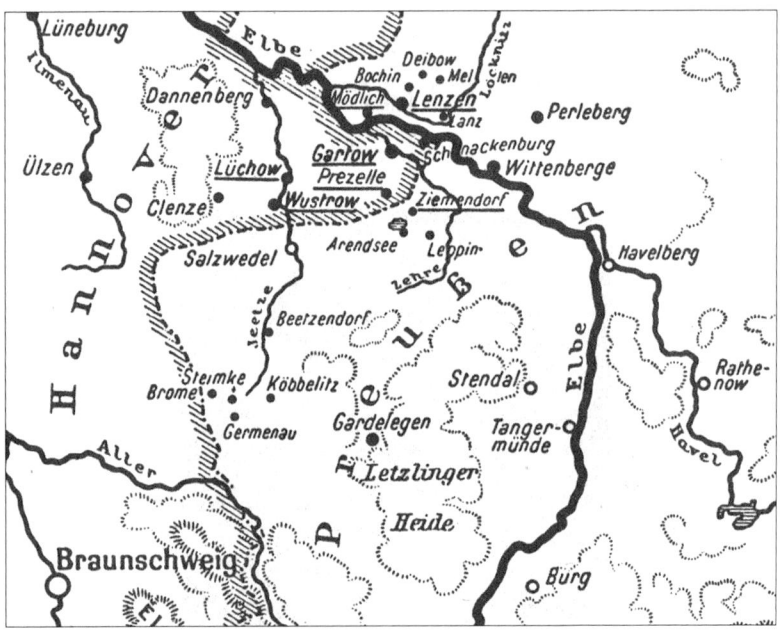

Die Grenzverläufe um Gartow und Schnackenburg zur Zeit der Dessauer-Erzählungen Karl Mays (aus: „Der Alte Dessauer", Karl-May-Verlag).

In näherer Beziehung zu unserer Heimat steht eine Erzählung, die um 1740 spielt, *Fürst und Leiermann* betitelt. Die Handlung spielt sich auf dem Weg von Arendsee über Ziemendorf nach Prezelle ab. Die angebliche Verschleppung von zwei preußischen Untertanen in das hannoversche Gebiet gibt dem Autor Veranlassung, den Fürsten in der Verkleidung als Drehorgelspieler zur Kirchweih in Prezelle an Stelle des erkrankten Schulmeisters aufspielen zu lassen. Auch hier sind die Hannoveraner der unterliegende Teil, und der Schulze von Prezelle spielt eine wenig beneidenswerte Rolle. Wir dürfen uns aber um so leichter darüber hinwegsetzen, als der ganzen Erzählung wohl kaum ein geschichtlicher Vorgang zugrunde liegt.

Mitten in unsere engere Heimat hinein führt die letzte der infrage kommenden Humoresken. Sie spielt nach der Erntezeit des Jahres 1741 und trägt die Überschrift *Die drei Feldmarschalls* [in diesem Buch Seite 121 ff.]. In der Einleitung skizziert Karl May die politische Lage folgendermaßen: *Es war eine schlimme Zeit für Deutschland und ganz besonders auch für die Bewohner der brandenburgisch-hannöverschen Grenze. Friedrich der Große hatte gegen Maria Theresia von Oesterreich losgeschlagen; Kurfürst Georg August von Hannover, der als Georg II. auch König von Großbritannien war, hielt es als Reichsfürst und Garant der Pragmatischen Sanction für seine Pflicht, gegen Preußen Front zu machen; darum erhielt der Feldmarschall Fürst Leopold von Anhalt-Dessau von Friedrich die Ordre, Brandenburg gegen einen Einfall Georgs zu schützen.*

Lenzen und Gartow sind die Angelpunkte des Geschehens; dort eine preußische und hier eine hannoversche Werbestation. Als Viehhändler verkleidet macht sich der Alte Dessauer auf den Weg, um die Grenzlinie zu besichtigen und einen Abstecher nach Gartow zu machen. Über die Wegeverhältnisse macht Karl May folgende Angaben: *Ungefähr halbwegs zwischen Lenzen und Gartow steht mitten im Walde an der damals nur schwer fahrbaren Vicinalstraße ein einsamer Krug, der sich gegenwärtig allerdings etwas behäbiger präsentirt, als zur Zeit, da während der schlesischen und des siebenjährigen Krieges die ausgedehnten Föhrenbestände dieser Gegend die Unwegsamkeit erhöhten und den Verkehr erschwerten.* An späterer Stelle wird noch ein anderer Weg, der kürzeste von Lenzen nach Gartow, angeführt. Es heißt *Der Pfad war ein schnurgerader Richteweg, der die gewöhnliche Gehzeit fast um die Hälfte kürzte.*

Bei der Schilderung des Feldweges werden wir unwillkürlich an das Krugland erinnert, von dem Manecke sagt, es ist „ein adelich freies Pertinenz bei Holtorf, so aus Äckern und Wiesen besteht und in den großen und kleinen Krug geteilt ist."

Der Titel weist darauf hin, dass Fürst Leopold trotz seiner Verkleidung aufgegriffen wird. Als Gefangener wird er in das Gartower Schloss gebracht. Die Vorliebe des Fürsten für Verkleidungen ist die Veranlassung, dass noch zwei weitere Personen festgenommen werden, so dass die drei Fürsten – ein richtiger und zwei falsche – in dem Schlosse zu Gartow auf ihre Befreiung warten.

Die Lage in Gartow zu Anfang der Erzählung schildert Karl May wie folgt: *Im Speisezimmer seines Schlosses zu Gartow saß der hannöverische Landrath Andreas Gottlieb Freiherr von Bernstorff an der Seite des Majors von Zachwitz. Die beiden Herren pflegten nach Tische, wenn die Dame des Hauses sich mit den beiden Söhnen, von denen der Jüngere später als Diplomat so berühmt wurde, zurückgezogen hatte, noch eine Flasche alten Rebensaftes auszustechen, einen guten Knaster zu dampfen und sich über Krieg und Frieden und die Ereignisse des Tages zu unterhalten.*

Der Verfasser hat also die Gegenspieler nicht ganz aus der Luft gegriffen. Andreas Gottlieb von Bernstorff zu Gartow und Dreilützow, hannoverscher Kammerherr, Kriegs- und Landrat, Reichsfreiherr, hat von 1708 bis 1768 gelebt. Auch seine Charakteristik ist nicht unzutreffend. In dem Buch „Die Bernstorffs" von Aage Friies [Leipzig, 1905] heißt es, dass Andreas Gottlieb „eine gesellige Natur war und Gottes Gaben nicht verachtete, sondern an einem guten Tisch mit Wild aus den Wäldern, Gemüse und Obst aus dem Garten und guten Wein aus den tiefen Kellern seine Freude hatte." Ebenso sind die beiden Söhne Joachim Bechtold [1734-1807] und Andreas Peter [1735-1797], der spätere dänische Staatsminister, keine Phantasiegestalten. Andere Mitspieler, wie der Gastwirt Hämmerlein aus Gartow, der sich mit dem Anwerben von Rekruten befasst, sind sicherlich frei erfunden.

Soweit Studienrat Ernst Wehde aus Berlin in seinem Beitrag im Gartower „Heimatboten" von 1935.

Hans-Jürgen Düsing schrieb in den „Mitteilungen der Karl-May-Gesellschaft" Nr. 152 (2007) zur Erzählung *Die drei Feldmarschalls*: die „beiläufige Erwähnung der *Dame des Hauses* [...] *mit den beiden Söhnen, von denen der Jüngere später als Diplomat so berühmt wurde*, die für die Erzählung völlig unwichtig ist, zeigt überraschend, dass sich Karl May offenbar bereits zu diesem Zeitpunkt intensiv, weit über das hinaus, was für diese Dessauer-Erzählung erforderlich gewesen wäre, mit der Geschichte von Schloss Gartow und der Familie von Bernstorff beschäftigt haben muss, worauf auch immer sich diese Affinität zu Gartow begründete."

WAS IST GEBLIEBEN nach mehr als 113 Jahren? Geblieben sind die noch immer vorhandenen Spuren – Geschichten, die sich um den Besuch des Radebeuler Erfolgsautors ranken – und auch die Orte des damaligen Geschehens. Sie zeigen sich in verschiedener Form – selten unverändert, dem Zug der Zeit folgend. Manchmal sich mit ihr neueren Gegebenheiten anpassend, aber auch in verschwundenem Zustand. Dazugekommen sind in neuerer Zeit die an verschiedenen Orten an den May-Besuch erinnernde Gedenktafeln. Aufgabe der weiteren Zukunft sollte es sein, diese hinsichtlich vorliegender Erkenntnisse – und gleichermaßen im Interesse der Karl-May-Leserschaft – erneut anzupassen. K. B.

Karl May und der „Alte Dessauer"

Leopold regier: Fürst von Anhalt-Dessau, (gen: der alte Dessauer) K: Pr. Gen: Feldmarschall und Chef des Infant:-Regiments No 3. Geb: 1676, gest: 1747. Nach dem grossen Bildnisse von A. Pesne im Herzogl: Schlosse zu Dessau. — Als auffallende Abweichungen vom Vorschrifts-mässigen zeigen sich: der Schnurrbart, die lose Haartracht, offne Weste, und die Farbe der Bein-Kleider, Licenzen, welche wohl nur ihm zugestanden blieben.

**Fürst Leopold I. von Anhalt-Dessau (1676-1747),
dargestellt in der Uniform seines Regiments von Adolf Menzel um 1850.**

Leopold I., Fürst von Anhalt-Dessau, geb. 3. Juli 1676, regierte sein Ländchen von 1693—1747 mit Einsicht und Kraft, auch mit soldatischer Härte, ist als Feldherr unter dem Namen des alten Dessauers berühmt, ein rauher und redlicher Mann, tüchtiger Feldherr und ebenso geschickt ein Heer zu discipliniren als anzuführen. Unter Eugen machte er im span. Erbfolgekriege seine Schule, focht in Italien, am Rhein und in den Niederlanden, gegen Schweden, im 1. und 2. schles. Kriege, gewann den 15. Dezbr. 1745 die Schlacht bei Kesselsdorf, welche den Frieden herbeiführte, ging hierauf in sein Land zurück u. st. 7. Apr. 1747. Er war seit 1698 mit einer Apothekerstochter Anna Louise Föse vermählt, die später von dem Kaiser in den Reichsfürstenstand erhoben u. für ihre Kinder mit dem Successionsrechte belehnt wurde.

„Die durchdringende Kraft seines Wollens, seine körperliche Gewandtheit und Abhärtung, die kriegerische Rauheit seines ganzen Wesens machten seine Erscheinung bedeutend und bemerkbar […] Leopold war den Seinigen allen furchtbar, sein Zorn hatte weder in seinem Gemüt noch in der äußeren Umgebung eine Schranke, der tobenden Willkür des Jünglings, der schon Landesfürst war, mußte sich alles beugen […] Einem vermeintlichen [!] Nebenbuhler in der Gunst um seine Auserwählte setzte er folgendermaßen zu: „Mit grimmiger Wut stürzte er in das Haus, drang auf den jungen Mann mit gezogenem Degen ein, erreichte den Fliehenden in einem entlegenen Gemach und stach ihn nieder. Dieser gräßliche Mord verbreitete Furcht und Entsetzen um ihn her, niemand wagte gegen ihn aufzutreten, man scheute angstvoll diesen Zorn zu reizen." Das „Soldatenwesen war Leopolds Lust und Leben [...] Unaufhörig vermehrte und verbesserte er seinen Grundbesitz [...] Die kraftvolle Hand aber, welche den Unterthanen in so vielem Betrachte schützend und wohlthätig erschien, mußte dem Einzelnen oft auch durch die Schwere ihres Drucks kund werden. Sein Wollen war jedesmal vollständig und unbedingt; soweit Gewalt reichte, gab es für ihn nicht leicht ein Hindernis; die Verhältnisse und Gerechtsamen andrer mußten sich seinem Gutdünken unterordnen [...] Was nicht Soldat war, wurde gering geschätzt und bestand gleichsam nur nebenher, soviel es jener Stand erlaubte, dessen rauhe Härte und unerbittliche Gewalt in alle Lebensverhältnisse herrschend eindringen durfte."

So charakterisiert Karl August Varnhagen von Ense (1785-1858) im zweiten Band seiner „Biographischen Denkmale" – dem Quellenwerk Mays für die Dessauer-Geschichten – den „Alten Dessauer" resp. Leopold I. von Anhalt-Dessau (1676-1747).

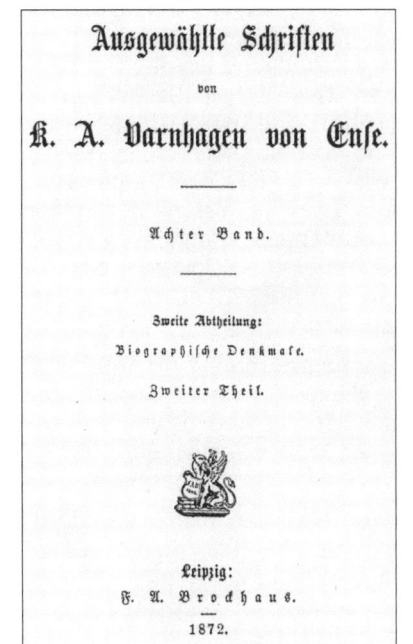

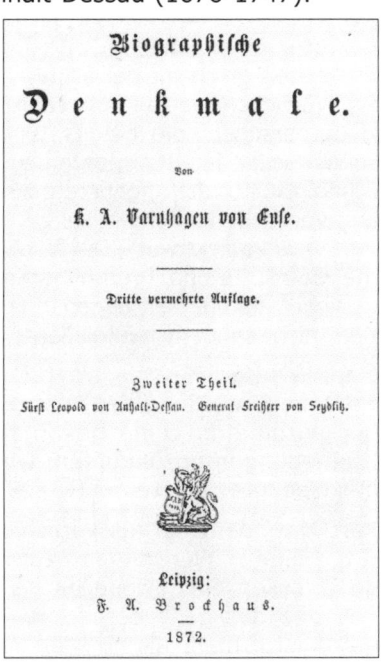

Neun Geschichten (mit teilweise inhaltlichen Ähnlichkeiten) widmet Karl May in den Jahren 1875 bis 1884 diesem Mann, trägt sich acht Jahre später, wie ein Brief an seinen Verleger zeigt, mit dem Gedanken, ein Theaterstück zu schreiben, dessen Hauptheld der Dessauer-Fürst sein soll, und unternimmt 1898 hierzu eine spezielle Studienreise nach Norddeutschland.

Es kann wohl nicht nur die May ins Konzept passende Volksnähe des auch noch zu seiner Zeit populären Fürsten allein gewesen sein, die Karl May anzog; Humoresken und Possen, er hat es selbst bewiesen, lassen sich auch zu anderen Themen und über andere Personen schreiben. Die – wenngleich keineswegs ununterbrochene – aber über 23 Jahre währende Beschäftigung mit Leopold I. wird bei May tieferliegende Gründe gehabt haben.

Die Militärhumoresken, wie man Mays Geschichten um den Fürsten wohl bezeichnen kann, lassen Mays Sympathie und letztlich Bewunderung für den Soldatenstand zu jener Zeit deutlich erkennen.

Das in sechs der insgesamt neun „Dessauer-Geschichten" zentrale Thema ist z. B. die zwangsweise Rekrutierung durch sogenannte Werber (siehe Faksimile). Lediglich in einer dieser Humoresken findet sich ein kurzer Ausspruch, der persönliche Unannehmlichkeiten von Rekruten bzw. Soldaten durch das Soldatenleben anklingen lässt. Ansonsten erscheint der Militärstand durchgehend als das wohl einzig Wünschenswerte in der (damaligen) Gesellschaft. So streben die Hauptpersonen, die bereits „verpflichtet" sind, sämtlich der allein selig machenden Beförderung zu. Kann doch nur sie allein es ermöglichen, endlich die Angebetete zu ehelichen und ihr damit eine relativ angemessene Lebensweise zu bieten (was ja historisch gesehen durchaus korrekt war). Die feschen Leutnants sind durchweg stramme, aufrechte und ihrem Fürsten treu ergebene Soldaten – die bürgerlichen Komparsen dagegen fast ausnahmslos Tölpel oder willfährige, nicht sonderlich intelligente Statisten.

Man wird Karl May nicht gerecht, versuchte man, eine antimilitaristische Einstellung des Autors aus diesen Dessauer-Geschichten herauszufiltern. Ohne hieran tiefschürfende und psychologische Überlegungen anzuknüpfen, wird man wohl eher sagen müssen: das Gegenteil dürfte richtig sein.

Karl May, dem es aus verschiedenen Gründen nicht „vergönnt" war, einen Wehrdienst zu absolvieren, hat dieses „Ausgeschlossensein" zweifellos als ein persönliches Manko empfunden und das ganz besonders in einer Zeit, in welcher der Soldatenberuf mehr als nur den „Bürger in Uniform" personifizierte. Und Mays geheime Sehnsucht zeigt sich wohl in seiner langjährigen Beschäftigung mit dem Soldaten-Fürsten Leopold I. und den in die Erzählungen auch eingebrachten militärischen Kenntnisse.

Karl May hat sich – und das kann man dem präzisen Szenarium dieser Erzählungen entnehmen – eingehend mit dem Fürsten und seiner Zeit beschäftigt. Sein Quellenstudium beschränkte sich dabei nicht auf die eingangs ausführlich zitierte Biografie Varnhagen von Enses, aus der er Handlungsmotive übernahm.

Der eindeutige Militarist Leopold kann ihm dabei nicht entgangen sein. Karl May zog auch andere Quellen hierzu heran: so Meyers Konversations-Lexikon. Dabei ist kaum anzunehmen, dass er die an Deutlichkeit nichts zu wünschen übrig lassenden Begriffe „Werbung" und „Spießruthenlaufen" (Faksimile aus Meyers Konversations-Lexikon 1890) nicht bemerkt hätte, zwei der neben „Kirmeß" oder „Jahrmarkt" und „Gasthaus" in den Dessauer-Geschichten am häufigsten verwendeten Begriffe.

Somit hätte May also an sich Anlass genug gehabt, seine Erzählungen mit kritischen und/oder dem Militär gegenüber ironisierenden bzw. entlarvenden Andeutungen zu versehen. Er tat es jedoch bemerkenswerterweise nicht.

Die Geschichten offenbaren wohl unterschwellig vorhandene Sehnsüchte eines Ausgeschlossenen, ja eines Ausgestoßenen, dem es nicht vergönnt war, für „Kaiser und Vaterland" seinen Mann zu stehen; eine Einstellung, die sich ebenfalls dadurch zeigt, dass sich unter diesen Geschichten, wie auch unter seinen übrigen Humoresken, keine einzige befindet, die man als Kommissklamotte bezeichnen könnte.

Ein Sujet aus Varnhagens Buch verwendet May insgesamt dreimal – so auch in nachfolgender Erzählung: „Dabei war seine [Leopolds] Handschrift von seltsamer Beschaffenheit, nicht genug, daß die Züge seiner Buchstaben kaum zu entwirren sind, auch die Wahl und Fülle der letzteren bringt in Noth; er schob in jede Silbe regelmäßig ein h ein, z. B. Gehnehrahllihnn, für Generalin. Einst hatte er einen Befehl geschrieben, dessen Inhalt der General, welcher ihn ausführen sollte, schlechterdings nicht entziffern konnte. Ein Offizier mußte damit zu dem Fürsten zurück; großes Donnerwetter, und banges Harren auf Erklärung des Schreibens; aber diese wollte nicht erfolgen; auch Leopold selber konnte seine Handschrift nicht lesen, und warf endlich voll Grimm den Zettel in's Feuer: 'Aber Schwernoth', rief er, 'Ich hab's auch nicht geschrieben, daß ich es lesen soll, sondern ihr!' und gab hierauf den Befehl mündlich." (Varnhagen Seite 170 f.)

Es ist jedoch nicht ausgeschlossen, dass für diese Szene auch noch eine weitere (d. h. in dem Falle allerdings von Varnhagen zweifellos beeinflusste) Quelle von May benutzt wurde: „Der alte Dessauer. Historischer Roman von Franz Carion" (Leipzig 1867). Franz Carion (d. i. Franz Lubojatzky, 1807-1887) schildert den „Handschriften-Test" im zweiten Band seines Romans (Seite 51f.): „Mit schwerem Herzen sah sich der Adjutant dann und wann zu der Meldung gezwungen, der Oberst oder der Major könne trotz des besten Willens Sr. Durchlaucht Ordre nicht lesen und bitte unterthänigst um eine etwas deutlicher geschriebene; dann krachte eine wahrhafte Flut von Donnerwettern über dergleichen Begehren los. Schließlich nahm Se. Durchlaucht den zurückgeschickten Befehl, aber vergebens sich anstrengend, aus seiner eigenen Handschrift deren Inhalt zu entwirren, platzte er endlich zornig los: 'Schwerenoth, ich hab's ja auch nicht geschrieben, daß ich's lesen will!' und brummend wie ein geneckter Bär begann er zum guten Ende eine neue Ordre zu schreiben, die wenigstens hinsichtlich der Schrift so weit veredelt war, daß der betreffende Offizier nach einigem Studiren den Sinn daraus folgern konnte." Eine Verwendung der unleserlichen Handschrift des „alten Dessauers" als Handlungselement erfolgte bei May in den Erzählungen *Die drei Feldmarschalls* (1878), *Unter den Werbern* (1876) und in *Ein Fürst-Marschall als Bäcker* (1881).

Ganz beiläufig lässt Karl May – unter didaktischen Gesichtspunkten des einstigen Lehrers nicht uninteressant – auch in seinen Dessauer-Geschichten, vor allem durch Aussprüche Leopolds, historische Fakten einfließen, die auf eine letztlich sehr intensive Beschäftigung Karl Mays mit der Handlungszeit schließen lassen, so auch in der nachfolgenden Erzählung, die um das Jahr 1741 spielt.

Dessau: Denkmal Fürst Leopold von Anhalt-Dessau und Johanniskirche.

1884: Mays Dessauer-Geschichte in der Reihe „Volksbibliothek"
des Verlags Schauenburg in Lahr.

„Gruß aus Dessau" mit Erinnerungen an Leopold I. Postkarte um 1925.

Karl May
Die drei Feldmarschalls

Nach dem Text der Erstveröffentlichung Dresden, 1878
[Faksimiles aus Meyers Konversations-Lexikon, Pierers Universal-Lexikon dieser Zeit]

Es war eine schlimme Zeit für Deutschland und ganz besonders auch für die Bewohner der brandenburgisch-hannoverschen Grenze. Friedrich der Große hatte gegen Maria Theresia von Oesterreich losgeschlagen. Kurfürst Georg August von Hannover, der als Georg II. auch König von Großbritannien war, hielt es als Reichsfürst und Garant der Pragmatischen Sanktion für seine Pflicht, gegen Preußen Front zu machen. Darum erhielt der Feldmarschall Fürst Leopold von Anhalt-Dessau von Friedrich die Ordre, Brandenburg gegen einen Einfall Georgs zu schützen und legte längs der Scheidelinie zwischen den beiden Ländern seine „Buntröcke" auf die Lauer, die, in einer langen Kriegsschule gestählt und abgehärtet, nichts sehnlicher wünschten, als hinüberstürmen und neuen Ruhm zu dem alten erwerben zu dürfen.

Maria Theresia von Österreich (1717–1780), Fürstin aus dem Hause Habsburg. Die regierende Erzherzogin von Österreich und Königin u. a. von Ungarn (mit Kroatien) und Böhmen (1740–1780).

Leider ging dies nicht so schnell, als sie es erwarteten. Der Befehl lautete nicht auf Offensive, sondern nur auf den Schutz der Grenze; Leopold durfte also nicht, wie er gern wollte. Das wußten die Hannoveraner sehr wohl und darum fühlten sie sich sicher. Sie blinzelten lustig hinter den Marksteinen herüber, huschten zuweilen auch etwas weiter als ratsam war, in das feindliche Gebiet hinein und trieben dabei allerlei Schabernack, der ganz geeignet war, die Geduld der Preußen auf eine harte Probe zu stellen.

In der an der Löcknitz und ungefähr eine halb Stunde von der Elbe gelegenen Stadt Lenzen im Kreise Westpriegnitz des Regierungsbezirks Potsdam war Wochenmarkt. Die Bauern der Umgegend strömten schon am frühen Morgen herbei, um den Erlös für ihre Feld- und Gartenfrüchte zum Ankauf derjenigen Notwendigkeiten zu verwenden, welche ihnen auf ihren Dörfern nicht geboten wurden.

Georg II. August (1683-1760) war von 1727 bis zu seinem Tod König von Großbritannien und Irland, deutscher Kurfürst von Braunschweig-Lüneburg (Hannover) und nominell einer der Herzöge zu Braunschweig u. Lüneburg.

Marktplatz in Lenzen (1848), der um 1741 noch vor der Haupwache bestand.

Sämtliche Gasthöfe und Schankwirtschaften des Ortes waren stark besucht: nirgends aber waren die Tische so dicht besetzt wie in dem „Blauen Stern". Dort verkehrten die Landbewohner am liebsten, weil Fährmann, der Wirt, stets für ordentliche Stallung und gutes Futter sorgte, alle Neuigkeiten zu erzählen wußte und neben den besten Speisen und Getränken auch dieses und jenes zum Vorschein brachte, was einem klugen und verschwiegenen Manne von Nutzen sein konnte. Er stammte aus dem hannoverschen Lüchow, hatte viele alte Beziehungen über die Grenze hinüber und galt unter seinen näheren Bekannten für einen Mann, dem die berühmte Streusandbüchse des heiligen-römischen Reiches deutscher Nation [Spitzname der Mark Brandenburg] nicht gar sehr an das Herz gewachsen sei.

In der hintersten Ecke der Schankstube, da, wo der Familientisch des Gastgebers stand, saß ganz allein eine kurze, dicke Gestalt, welche mit gelangweiltem Blick den Bewegungen Fährmanns folgte, der es sehr eilig hatte, die zahlreichen Gäste zu befriedigen. Schon einigemale hatte er beruhigend herübergewinkt oder im Vorbeistreifen ein halblautes „Ich komme gleich!" gerufen, war aber zu sehr in Anspruch genommen, um bald Wort halten zu können.

Bis heute unverändert: Der Preußische Postmeilenstein auf dem Lenzener Marktplatz, 18. Jh. – ein restaurierter Ganzmeilenstein mit den beiden Positionen „22 Meilen bis Berlin" und „18 Meilen bis Magdeburg". Rechts das ehemalige „Hotel Deutsches Haus".

Da endlich erhob sich der Dicke, griff nach Stock und Kopfbedeckung und rief: „Wirt, bezahlen!"

Jetzt holte Fährmann seine Frau zur Stellvertretung aus der Küche und trat dann herbei. „Ist's denn gar so eilig zumal?" zürnte er laut. „Könnt' doch wohl warten, bis man die Hand frei hat!" Leise aber setzte er, das Geld in Empfang nehmend, hinzu: „Hast Neuigkeiten?"

„Ja." „Geh' in die Scheune, da ist's sicher! Ich komm' gleich nach."

Der Dicke verließ grüßend die Stube. Fährmann ließ einige Minuten vergehen, ehe er ihm durch die Küche folgte.

Wirtshaustafel (Österreich) 18. Jh.

Kaum aber hatte er die Thüre hinter sich, so bewegte sich auf dem Kanapee hinter dem Tische eine Gestalt, welche bisher laut schnarchend dort gelegen hatte, rieb sich gähnend die Augen, erhob sich langsam und unsicher und stolperte dann wie noch halb schlaftrunken durch die Reihen der Gäste hinaus auf den Flur. Dort angekommen, sah sie sich vorsichtig um. Es war ein junger, hochgewachsener und breitschulteriger Mann von ungewöhnlich kräftiger Körperbildung. Als er sich unbeobachtet sah, verschwand sofort der schläfrige Ausdruck aus seinem Gesicht, die muntern Augen leuchteten befriedigt auf; mit einigen raschen Schritten trat er in den Hof und von da in den Pferdestall. Er schien zu wissen, daß dieser durch eine wenig oder gar nicht gebrauchte Thüre mit der Scheune in Verbindung stand.

Es befand sich kein Mensch im Stalle. Leise und vorsichtig zog er die Thüre auf und lauschte. Ein kaum vernehmliches Geflüster überzeugte ihn, daß die heimliche Unterredung auf der Tenne stattfand und er also ungesehen in denjenigen Teil der Scheune treten konnte, der von der Tenne gewöhnlich durch eine Bretterwand getrennt wird und den Namen Pansen zu führen pflegt. Er that es, zog die Thüre hinter sich zu und schlich sich mit unhörbaren Schritten an den Verschlag, hinter welchem die beiden standen. Er konnte jedes Wort vernehmen.

„Hier hast du das Geld, Fährmann! Einundzwanzig Thaler für einundzwanzig Rekruten, die du uns zugeschwenkt hast. Zähle sie durch; es geht im Finstern."

Das Scheunenthor war geschlossen, so daß es ziemlich dunkel in dem Raume war. Ein leises, silbernes Klingen ließ sich vernehmen; dann klang die gedämpfte Stimme des Wirtes: „Das Geld ist richtig. Soll ich fortfahren mit der Sendung?"

„Das versteht sich! Der Major von Zachwitz, der auf dem Schlosse liegt, ist sehr zufrieden mit den Kerls, die er von dir bekommen hat. Er will mehr haben und zahlt gern zwei Thaler für den Kopf, die wir dann teilen, du und ich. Das ist ein gutes Geschäft, von dem wir, wie es eingerichtet ist, keinen Schaden, sondern nur Gewinn haben können. Am liebsten sind ihm natürlich ausexerzierte Leute, für die er das Doppelte bietet. Kannst du denn nicht zuweilen auch so etwas schicken?"

„Will's versuchen; wir haben ja zumal die ganze Stadt jetzt voll solcher Kerls, denen es gar nichts schaden kann, wenn sie des Königs Rock mit dem kurfürstlichen vertauschen."

„Und was ich dir noch sagen wollte: könnten wir zuweilen einen Offizier im stillen kapern, so gäbe es ein Gaudium, von dem dein Beutel auch seinen Teil bekommen würde. Man kann so einen Herrn zwar nicht in der Weise zur Verwendung bringen wie einen Gemeinen; aber gefangen ist er doch und wird gezwungen, Neutralität zu schwören."

„Das geht nicht, Hämmerlein. Ich kann doch unmöglich einen Offizier mit einem Auftrage zu dir über die Grenze hinüberschicken. Ich möchte nur sehen, wie der mich zumal andonnern würde!"

„Hast recht; aber geht's nicht so, dann geht's auf andere Weise. Es schleichen genug dieser Herren die Grenze auf und ab, um die Patrouillen zu überwachen und zu rekognoscieren, wie sie's nennen. Wie du es anfängst, das ist deine Sache; aber du könntest sicher manches erlauschen und sofort Nachricht senden. Meinst du nicht?"

„Hm, will's versuchen. Die Hauptsache ist, daß es auch etwas abwirft!"

„Darüber mach' dir nur keine Sorgen. Und überdies solltest du schon um der Anna willen gut zu mir halten. Sie ist das einzige Kind, und dein Ludwig findet sicher im ganzen Lande keine bessere Gelegenheit."

„Laß das gut sein, Fährmann. Ich will ihr den preußischen Wachtmeister schon versauern, daß ihr der Appetit nach ihm vergeht!

Sie ist sonst nicht ohne Verstand und Ansicht; sie wird sich gewiß noch geben."

„Ist er denn gar ein so ansehnlicher Kerl, daß er einem Mädchen wie der Anna den Sinn ganz und gar verdrehen kann?"

„Hübsch ist er, das muß man ihm lassen; lang, breit, stark wie ein Goliath, und dazu Courage im Leibe wie kein Zweiter. Er soll auch beim alten Dessauer gewaltig gut angeschrieben sein und zu allerlei Dienst benutzt werden, wozu Mut und Körperkraft erforderlich ist. Das hat er beides in gutem Maße und ist noch obendrein schlau und listig wie ein Fuchs; das habe ich ja selbst schon oft erfahren." „Wie so?"

„Ja, das ist ja eben mein Aerger. Denke dir nur, er weiß, daß ich ihm nach dem Leder trachte, und kennt auch die sonstigen Gefahren sehr genau, die es drüben für ihn giebt. Dennoch wagt er sich öfters hinüber, wo er dann nicht nur hinter meinem Rücken mit dem Mädchen schameriert, sondern oft auch so dreist ist, bei mir einzukehren und ein Bier zu verlangen."

„So laß ihn doch festnehmen! Das gäbe zumal gleich einen Ausexerzierten und schaffte ihn dir sofort vom Halse."

„Das ist bald gesagt, aber nicht so leicht gethan wie du denkst. Er ist so stark, daß er es mit einem halben Dutzend kräftiger Kerls gern und gut aufnimmt. Auch kommt er nur dann herein, wenn er sicher ist, keine Uebermacht zu finden. Schicke ich dann heimlich nach Succurs [von lat. „zu Hilfe kommen"], so ist er plötzlich fort wie weggeblasen, und ich habe den Aerger und das Nachsehen."

„So laß ihn verfolgen, zumal er doch nicht verschwinden kann!"

„Hab's öfters versucht, hilft aber nichts; denn er ist in Wustrow zu Hause und kennt die Gegend wie seine eigene Tasche. Ist er einmal fort, so will ich den sehen, der ihn findet! Ein einziges Mal nur ist er von einem Korporal und noch Zweien auf dem Heimwege gefaßt worden. Und was war die Folge? Er hat die Drei durchgebläut, daß ihnen der Verstand vergangen ist, und sie dann mit ihren eigenen Waffen vor sich her und über die Grenze getrieben, wo man sie in preußisches Tuch gesteckt hat."

„Da ist er ja ein ganz verzweifeltes Subjekt, das ich wahrhaftig gern einmal sehen möchte. Aber jetzt muß ich hinein. Hast du noch etwas zu sagen?"

Der Lauscher fand es geraten, sich jetzt zurückzuziehen. Er schlug denselben Weg ein, welchen er gekommen war, gelangte glücklich wieder in den Flur und trat mit verschlafenem Gesicht, anscheinend müde, in die Stube, wo er einen Schluck aus seinem Glase nahm und dann, wie vorhin, in abgewendeter Lage und das Gesicht unter die vorgestreckte Hand verbergend, sich auf das Kanapee streckte.

Der bald zurückkehrende Wirt schenkte ihm nicht die geringste Aufmerksamkeit; er war gewohnt, dergleichen verschlafene Gesellen bei sich zu sehen, und hatte mit den anderen Gästen genug zu thun.

Hugo Kaufmann: Wirtshaus-Szene um 1872

Da öffnete sich die Thüre, und es trat ein Mann ein, der mit raschem Blick den Raum überflog und den hintersten Tisch als den einzigen erkannte, an dem noch Platz zu finden war. Mit langen Schritten wand er sich durch die Menge der Gäste und ließ sich auf demselben Stuhle nieder, den der geheimnisvolle Dicke vorher eingenommen hatte.

Die Anwesenden konnten nicht umhin, ihm ihre Aufmerksamkeit zu schenken, deren Grund in der überraschenden Aehnlichkeit lag, welche er mit dem Wirt hatte. Beide waren lang und hager, aber sehnig gebaut; beide hatten die Sechzig jedenfalls überschritten, trugen denselben dunklen Schnurrwichs und konnten infolge ihrer beiderseitigen Gesichtszüge leicht für Brüder gelten.

Der neu Angekommene trug einen blauleinenen Kittel, hatte eine dickstielige Lederpeitsche über die Schulter geschnallt und mußte trotz der frühen Tageszeit schon einen ansehnlichen Weg zu Fuß zurückgelegt haben; denn die wohlgeschmierten Aufziehstiefel, welche die ganze Länge seiner Beine bedeckten, waren bis über die Knie herauf mit Staub und Schmutz bedeckt.

„Heda, Wirtschaft!" rief er, als er nicht sofort nach seinem Begehr gefragt wurde, „soll man hier im 'Blauen Stern' etwa verdursten?"

„Nur sachte da hinten," antwortete Fährmann; „oder glaubt Er vielleicht, daß ich nur auf Ihn gewartet hab'?"

„Räsoniere Er nicht, sondern spute Er sich ein wenig, damit ich einen Krug Frisches bekomme!"

Bei dem Klange dieser tiefen, dröhnenden Stimme war der auf dem Kanapee Liegende zusammengezuckt, hatte aber seine Stellung ruhig beibehalten.

„Da hat Er sein Bier," meinte Fährmann, den Krug vor den Gast hinstellend, „und nun wird Er wohl zufrieden sein?"

„Wenn der Trunk gut ist, ja; sonst aber kann Er seine Brühe selber trinken."

Er kostete, schnalzte wohlgefällig mit der Zunge und leerte dann das Gefäß in einem Zuge. „Noch einen!" befahl er schmunzelnd.

„Nun, schmeckt's?" „Besser, als man es bei Ihm denken sollte."

Fährmann holte das Verlangte und nahm sich dann Zeit zu einigen neugierigen Fragen. Der Unbekannte schien ihm Interesse einzuflößen.

„Er muß schon weit gelaufen sein, daß Er einen solchen Durst hat. Man sieht es auch an Seinen Stiefeln. Woher des Wegs, he?"

„Weither."

„So, da ist man zumal so klug wie vorher! Und wohin die Reise?"

„Weiterhin!"

„Donnerwetter, Alter, Er ist verteufelt kurz angebunden!"

„Kann Ihm nichts schaden."

„Meint Er? Ihm wär's vielleicht auch mehr von Nutzen, wenn Er zumal auf eine gut gemeinte Frage etwas reputierlicher antwortete. Man sieht und hört es Ihm doch gleich an, womit Er umgeht."

„Ach! Nun, womit denn?" „Doch nur mit dem lieben Vieh."

„Da hat Er recht; denn eben jetzt habe ich diesen lieben Umgang. Er ist ein großer Scharfsinn, hört Er!"

„Pah! Wer täglich einige hundert Gäste bei sich sieht, der kennt den Viehhändler schon auf eine halbe Stunde weit. Er will wohl nach der Lenzerwische, um Pferde oder Rinder einzukaufen?"

„Fällt mir gar nicht ein! Habe eine ganze Herde in Perleburg [korrekt: Perleberg] losgeschlagen und will nun ledig hinüber nach Clenze, wo ich zu Hause bin," antwortete er mit einem eigentümlichen Zucken der Bartspitzen.

> **Perleberg,** Kreisstadt des Kreises Westpriegnitz des Regierungsbezirks Potsdam der preußischen Provinz Brandenburg, an der Stepenitz, hat höhere Bürgerschule, Tuchweberei, Brauerei, Flachsmärkte, Rübenzucker- u. Cichorienfabrikation; Freimaurerloge: Zur Perle am Berge; 6450 Ew. Hier 1419 Friede zwischen Brandenburg u. Pommern, worin Letzteres die Uckermark abtrat.
>
> **Clenze** (Clenz, wendisch Clonsla), 1) Amt mit 8350 wendischen Ew. u. 2) Flecken in der hannöverschen Landdrostei Lüneburg, Leinweberei u. Bleichen; 700 Ew.

„Da ist Er also ein Hannoveraner?" fragte Fährmann, indem er sich einen Stuhl herbeizog und seinem soeben eingetretenen Sohne ein Zeichen gab, sich einstweilen der anderen Gäste anzunehmen. „Und in Clenze daheim? Da stammen wir ja gar nicht weit auseinander; meine Heimat ist Lüchow. Hat Er auch einen guten Paß, um zumal unangefochten durch die Sperre zu kommen?"

„Paß? Hm, woher soll ich ihn haben? Werde schon ohnedies hinüberkommen." „Da täuscht Er sich gewaltig!" Der Wirt senkte den Kopf etwas tiefer, um von keinem anderen gehört zu werden, und flüsterte, nachdem er sich mit einem Blicke auf das Kanapee überzeugt hatte, daß der dort Liegende fest schlafe: „Wäre Er eher gekommen, so hätte sich Ihm eine gute Gelegenheit geboten, glücklich zu passieren."

„Wie so?"

„Es war einer da bei mir, der alle Schliche kennt und Ihn gern mitgenommen hätte. Ich sage Ihm das, weil Er mein Landsmann ist und den Potsdamer Flötenspieler gewiß auch nicht leiden mag."

„Hm, Er ist ja ein guter Patriot! Wer ist es denn, der hier gewesen ist? Vielleicht ist mir der Mann auch bekannt; ich kenne die Sorte, zu der Er gehört, so ziemlich genau."

Der Potsdamer Flötenspieler: Friedrich II. (der Große; 1712-1786), ab 1772 König von Preußen und Kurfürst von Brandenburg. Gemälde von Adolf von Menzel, 1852.

„Wirklich? Ja, die Kurfürstlichen sind brave Leute und halten immer sehr gut zusammen. Ich kann Ihn gleich einmal auf seine politische Meinung prüfen, und wenn Er den Mann kennt, den ich zumal meine, so darf man Vertrauen zu Ihm haben. Er ist ein Gastwirt aus einem Orte an der Zehre. Nun?"

„Himmelelement, wohl gar der Hämmerlein aus Gartow, he?"

„Wer soll's denn anders sein? Er kennt ihr? Woher denn, wenn ich fragen darf?"

„Hm, ich weiß nicht, ob ich es Ihm sagen kann."

„Warum denn nicht, he?"

„Weil's gefährlich ist. Der Hämmerlein hat so ein kleines Geschäft mit Leuten, die für einen hübsch gewachsenen Burschen immer ein gutes Auge haben, und ich bin gar oft – hm, versteht Er mich?"

„Vollkommen. Und da es so steht, will ich Ihm einen Weg beschreiben, auf dem er bequem hinüberkommt, ohne belästigt zu werden."

Er griff in die Tasche und versuchte, seine Beschreibung durch eine auf die Tischplatte geworfene Zeichnung anschaulicher zu machen, die er mit der Kreide so geläufig ausführte, daß man merken mußte, er sei den betreffenden Weg schon oft selbst gegangen.

„So, nun ist Er sicher, daß Ihm die Leute des alten Grobians nicht in die Quere kommen."

„Des alten Grobians? Wen meint Er denn da?"

„Nun, den Dessauer, der voller Flüche und Grobheiten steckt, wie der Hund voller Flöhe."

„Ach so," klang es unter dem gewaltig zuckenden Schnurrbart hervor. „Wenn Er ihn so gut kennt, so nehme Er sich nur in acht, daß Er ihm nicht einmal in die Tatzen läuft; dann könnte Er erfahren, was so ein Floh für eine heillose Kreatur ist."

„Pah, vor dem alten Kerl fürchte ich mich noch lange nicht."

„Gut für Ihn. Jetzt aber adjes und schönen Dank für Seinen guten Rat."

Er erhob sich, bezahlte seine Zeche und schritt zur Thüre hinaus. Draußen schlug er die Richtung nach dem Marktplatz ein. Dort begegnete ihm ein junger Cornet, welcher, den einfach gekleideten und beschmutzten Mann gar nicht beachtend, sporenklirrend an ihm vorüber wollte. Mit einem raschen Griff aber hatte er ihn bei der Achselschnur.

> **Cornet** (fr., spr. Kornäh), (v. lat., Cornu, Flügel, also Flügeloffizier), der jüngste Offizier einer Schwadron, der früher die Standarte trug; die Bezeichnung war früher allgemein, ist jetzt aber nur noch in wenig Armeen gebräuchlich.

„Halt! Front! Augen grad' aus!" kommandierte er. „Sage Er mir einmal, wo der Herr Oberstwachtmeister von Dennau in Quartier liegt?"

„Wer ist Er denn, Er Flegel, daß Er es wagt, einen Offiz-"

„Maul halten! Ordre pariert?" donnerte es da dem erzürnten Kriegshelden entgegen. „Will Er Himmelelementer mir wohl auf der Stelle meine Frage beantworten?"

Die Stimme des alten Viehhändlers klang so unwiderstehlich, daß der Angeschmetterte unwillkürlich den Arm erhob und, vorwärts zeigend, in kleinlautem Tone beschied: „Dort um die Ecke, das zweite Haus links, eine Treppe."

„Schön! Augen rechts! Rechts abgeschwenkt! Marsch!"

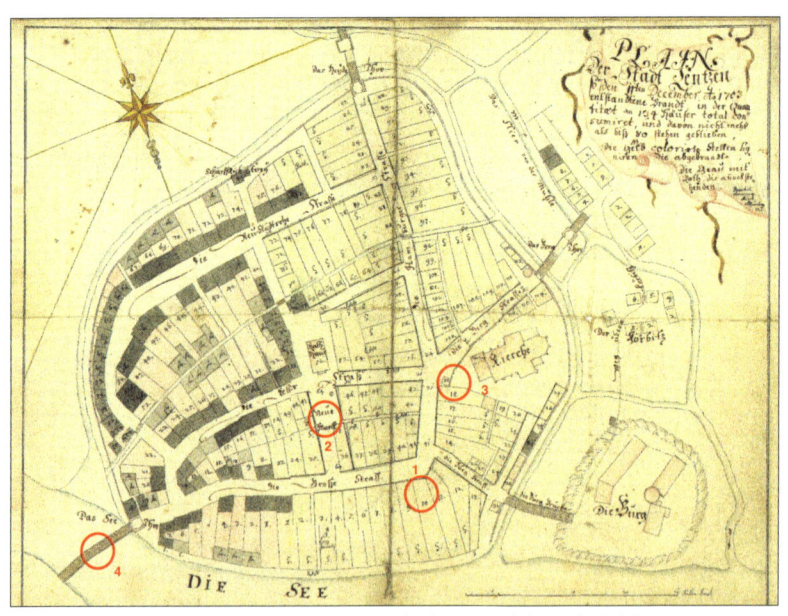

Plan der Stadt Lenzen nach dem Stadtbrand 1703.
1. Der „Goldene Stern" (in der Humoreske „Blauer Stern"), „Die Große Strass" (heute Seetor-Straße) – 2. Neue Marck[t] (heute Hauptwache) – 3. Standort des Ganzmeilensteins (siehe Seite 122) – 4. Brücke über die Löcknitz (DIE SEE). Zur Fährstelle ging es von dort ca. 2 km in Richtung Südwesten.

Das an der Thüre des beschriebenen Hauses stehende Schilderhaus ließ dasselbe als das Quartier des Platzkommandanten erkennen. Der Händler schritt an der Schildwache vorbei, stieg die Treppe empor und öffnete die erste beste Thüre, die sich ihm entgegenstellte. Zwei Unteroffiziere befanden sich in dem Raume, den er betrat.

„Wer ist Er, und was will Er?" fragte der eine ihn mit barscher Stimme.

„Ist der Herr Oberstwachtmeister von Dennau zu Hause?"

„Was will Er von dem Herrn?"

„Der Platzkommandant", Gemälde von Carl Spitzweg um 1850.

„Das geht Ihn wohl nichts an. Ich frage, ob der Herr Oberstwachtmeister zu Hause ist?"

„Und ich frage, was . . ."

„Will Er wohl sofort Seinen naseweisen Schnabel zuklappen, Er Tausendschwerenöter Er? Ich -"

„Schnabel? Naseweis?" unterbrach ihn der Unteroffizier, auf ihn zutretend und ihn beim Arme packend. „Sofort komme Er mit herunter auf die Wache! Ich werde Ihm den naseweisen Schnabel mit dem Stocke auf das Leder zeichnen lassen, daß . . ."

„Was ist denn das für ein heidenmäßiger Skandal hier außen?" fragte es da mit scharfem Tone in das Räsonnement hinein. Es war der Oberstwachtmeister selbst, welcher sich in seinem Zimmer mit einigen Offizieren im Gespräche befunden hatte und zornig die Thüre aufriß.

„Wer ist der Störenfried, der sich untersteht, hier in…"

„Der Störenfried?" meinte der Viehhändler, indem er sich herumdrehte. „Seht ihn Euch doch einmal an, Herr Oberstleutnant!"

„Himmeldonnerw…, wollte sagen, bitte tausendmal um Verzeihung, Durchlaucht Excellenz! Konnte unmöglich wissen, daß …"

„Schon gut, schon gut! Macht aber ein andermal die Augen besser auf, ehe Ihr schimpft."

> **Durchlaucht** (lat. Serenitas oder Serenissimus), in Deutschland seit 1375 Prädikat der Kurfürsten, später auch anderer altfürstl. Häuser, worauf sich die Kurfürsten Durchlauchtigste nannten. Nach Auflösung des Reichs wurde durch die Bundesbeschlüsse vom 18. Aug. 1825 und 12. März 1829 den souveränen Fürsten und den Häuptern der mediatisierten fürstl. Familien der Titel D. zuerkannt, später aber auch erbländischen, nicht zum Reichsfürstenstand gehörigen Fürsten verliehen.

> **Excellenz** (v. lat., Vortrefflichkeit, Herrlichkeit), Titel der Auszeichnung für hohe Staatsdiener. Meist kommt er den höchsten Hofchargen, als dem Oberhofmarschall, Oberhofschenk ꝛc., Ministern u. Gesandten 1. Klasse, wirklichen Geheimräthen, Generallieutenants u. commandirenden Generalen zu. Anderen Personen wird dies Prädicat als besondere Auszeichnung vom Staatsoberhaupt verliehen. Anfangs führten ihn die Kaiser (kaiserliche E.), von Karl dem Großen bis auf Heinrich VII.; in der Folge die italienischen Fürsten, die ihn, als die Cardinäle den Titel Eminenz annahmen, mit Altezza vertauschten; dann wurde er Titel der Doctoren u. Professoren (Schul-E.), u. der Reichsgrafen, die ihn bald mit Erlaucht vertauschten. Nach dem Westfälischen Frieden wurde er zuerst in Frankreich den höchsten Civil- u. Militärbeamten beigelegt. In Italien wird jeder Adelige u. von den niederen Klassen selbst jeder feingekleidete Fremde mit Excellenza angeredet. In Frankreich heißt der Duc Excellence, der Prince aber Altesse.

Er trat in das Zimmer, wo ihn die überraschten Herren in strammer, vorschriftsmäßiger Haltung empfingen.

„Guten Morgen! Habt wohl nicht gedacht, daß heute solcher Besuch nach Lenzen kommt? Na, wollte 'mal sehen, wie's hier geht und steht. Habt doch gestern meine Ordre empfangen, Herr Oberstwachtmeister, was?"

Der Gefragte stand vor ihm, die kleinen Finger an den Hosennähten und steif wie ein Ladestock.

„Zu Befehl, Excellenz, ja."
„Habt Ihr den Kerl?"
„Darf ich gehorsamst fragen, welchen Kerl?"

„Welchen Kerl? Nun, wen anders als den Hämmerlein?"

„Hämmerlein? Habe den Namen noch nie gehört. Ich bitte unterthänigst, mich zu informieren, wer ..."

„Hämmerlein ... nie gehört ... zu informieren?! Da sollen doch gleich zehn Millionen Granaten dreinschlagen! Ihr habt meine Ordre erhalten und bittet unterthänigst um Auskunft über den Hämmerlein?"

„Excellenz halten zu Gnaden, ich erlaubte mir, nach Empfang der Ordre sofort den Leutnant von Wrede in das Hauptquartier zu senden, um zu sagen, daß die Ordre ..."

„Wrede ... Hauptquartier ... Ordre? Warum schickt Ihr mir eine Ordonnanz, da ich doch geschrieben habe, daß ich heute selbst kommen würde? Ich wollte die Untersuchung in eigener Person führen und frage jetzt zum zweitenmale, ob Ihr den Hämmerlein habt?"

Das Gesicht des Platzkommandanten war vor Verlegenheit hochrot geworden, und die anderen Offiziere warfen sich verstohlene Blicke zu, in denen eine lebhafte Besorgnis sich nicht verkennen ließ.

„Excellenz gestatten mir gütigst" – er trat zum Schreibtische und zog ein beschriebenes Blatt aus einem dort liegenden Couvert -, „um Durchsicht dieser Zeilen zu bitten!"

Fürst Leopold – denn dieser war es – griff nach dem Papiere, trat an das Fenster und studierte eine ganze Weile an den schauderhaften Hieroglyphen herum, die sich seinem Blicke boten. Er war nie ein Freund und Bewunderer der edlen Schreibkunst gewesen, und Meldungen zu lesen oder gar selbst die Feder zu führen, gehörte für ihn zu den größten Strapazen des Erdenlebens. Aber so eine Schrift, wie er sie hier sah, war nach seiner Absicht gar keine menschliche, war ihm geradezu noch niemals vor die Augen gekommen.

„Was ist denn das für ein dummer Wisch, he?" fragte er endlich. „Das sieht ja gerade aus, als hätte einer die Hände und Füße in einen Tintenbottich gesteckt und wäre dann mit allen Vieren auf dem Papier herumgekrochen. Und so eine heillose Sudelei wagt Ihr mir zum Lesen zu geben!" Seine Stirnadern begannen zu schwellen und seine Augen blitzten zornig im Kreise herum. „Da kann kein Mensch einen richtigen Buchstaben herausfinden. Werdet mir wohl sagen, welcher Esel das geschrieben hat?"

„Excellenz, darf ich gehorsamst bitten …"

„Bitten? Was denn?" „Mir zu sagen …"

„Zu sagen? Was denn?" „Was diese Zeilen enthalten?"

„Was … diese … Zeilen … enthalten? Seid Ihr denn verrückt geworden, verrückt einer wie der andere? Ich habe Euch ja gesagt, daß kein Mensch imstande ist, unter diesen schmierigen Klexen einen vernünftigen Buchstaben zu erkennen. Oder könnt Ihr's vielleicht?" „Nein."

„Nicht? Und ich, der Fürst Leopold von Anhalt-Dessau, Feldmarschall des deutschen Reiches und Preußens, soll Schreiberdienste verrichten und Euch den schwarzen Schlamm zurechtkratzen?"

Sein Zorn war in stetem Wachsen begriffen. Er trat hart an den Oberstwachtmeister heran und fragte: „Also welcher Essenkehrer hat sich auf dem Wische herumgewälzt, und was hat der Fetzen hier mit meiner gestrigen Ordre zu schaffen?"

„Durchlaucht, dieses Schriftstück …"

„Schriftstück? Eine Klexerei ist's! Nun also, diese Klexerei …"

„Ist von Excellenz höchst …" „Alle Wetter, nur weiter! Ist von Excellenz höchst …"

„Höchsteigener Hand geschrieben worden."

Der Fürst trat einige Schritte zurück, riß vor Erstaunen den Mund weit auf und sah dem Sprecher mit starrem Auge in das angstvolle Gesicht. Es dauerte eine ganze Zeit, ehe er zu sprechen vermochte: „Ich selbst ... mit höchsteigener Hand geschrieben! Mensch, Herr Oberstwachtmeister, meine Herren, wollen Sie sich über Ihren Feldherrn lustig machen? Wäret ihr nicht Offiziere, ich ließe euch samt und sonders auf der Stelle krumm schließen. Glaubt vielleicht einer von euch, daß ich nicht schreiben oder gar mein Geschriebenes nicht lesen kann?"

„Excellenz, niemand wird wagen, so etwas auch nur zu denken; aber ..."

„Das will ich euch allen auch geraten haben! Also, aber ..."

„Aber ich bitte, gütigst die Unterschrift zu bemerken. Und hier ist das Couvert!"

„Die Unterschrift? Ich unterschreibe mich doch 'Leopold'; aber hier ist weder L noch e noch o zu erkennen, und das 'pold' ist ganz und gar in der Tinte ersoffen. Zeigt einmal das Couvert! Hm, hm, ... was soll denn eigentlich die Geschichte vorstellen?"

„Es ist die Ordre, welche Excellenz mir gestern sendeten."

„Was? Meine Ordre ist's? Und die kann der Herr Oberstwachtmeister nicht lesen, die giebt Er mir zurück, daß ich ihm sagen soll, was sie enthält? Alle Sternhagel, Blitz und Granatensplitter, jetzt geht mir endlich einmal die Geduld flöten, jetzt steigt mir's in den Kopf, jetzt ... was thue ich nur mit Euch, mit ... mit ..."

Mit dem Zeichen der höchsten Erregung stürmte er im Zimmer auf und ab, stampfte mit den Füßen und focht mit den Armen in der Luft.

„Excellenz, diese Schrift ist ..." „Ist? Nun, was ist mit ihr?"

„Ist durch die Hände des ganzen Offiziercorps gegangen ..."

„Offiziercorps geg – – Wa – wa – wa – was?! Des ganzen Offiziercorps? Was sagt Ihr mir da? Eine Ordre, die nur an den Oberstwachtmeister von Dennau gerichtet war, ist durch die Hände ... Himmel ... des ganzen ... Millionen ... Offiziercorps gegangen ... Hagelwetter! Und das nennt man militärische Diskretion! Na, macht Euch gefaßt, Ihr ... Ihr ..."

„Und keiner ..." „Was noch, he?" „Hat sie lesen können."

„Keiner? Kein einziger? Das wird immer toller!"

„Und da der Ordre doch Gehorsam geleistet werden muß ..."

„Schwerebrett, das ist Euer Glück, das will ich mir auch ausgebeten haben!"

„So sendete ich den Leutnant sofort in das Hauptquartier, um ..."

„Ach so, um den Befehl noch einmal schreiben zu lassen! Herr Oberstwachtmeister, nichts für ungut ... aber ... aber ... o, ich gäbe gleich hundert Dukaten drum, wenn Ihr nicht Oberstleutnant, sondern ... sondern ... na, da ist der Befehl also noch gar nicht ausgeführt?"

„Halten zu Gnaden, nein!"

„Und das sagt Ihr mir ... wirklich mir? Wo nehme ich heute nur diese übermenschliche Geduld her! Gebe ich da einen Befehl ... dieser Befehl wird nicht befolgt ... weil man nicht lesen kann ... und nun soll ich meine eigene Ordre buchstabieren! Sagt mir doch in aller Welt, für wen sie geschrieben ist!"

„Für mich." „Gut! Wer hat sie also zu lesen?" „Ich."

„Sehr gut! Bin ich etwa der Herr Oberstwachtmeister von Dennau?" „Nein."

„Vortrefflich! War sie an mich gerichtet?" „Nein."

„Habe ich sie also zu lesen?" „Nein."

„Gut ... sehr gut ... vortrefflich! Merkt euch das, ihr Herren. Ich schreibe meine Ordres nicht für mich und habe also gar nicht notwendig, sie lesen zu können. Wer aber eine Ordre von mir bekommt und sie nicht lesen kann, der soll ... der soll ... hm, ja, ich bin heute nun einmal ausnahmsweise so unendlich nachsichtig und will annehmen, daß ich gestern nichts geschrieben habe. Also sollt ihr ..."

In diesem Augenblick öffnete der diensthabende Korporal die Thüre und meldete: „Excellenz entschuldigen, ich soll sagen, der Heinz ist da."

> **Korporal** (franz. caporal, ital. caporále, von capo, Haupt), in einigen Armeen der niederste Unteroffiziersdienstgrad; Korporalschaft (bei der Kavallerie Beritt), Unterabteilung der Kompanie für den innern Dienst; sie untersteht dem Korporalschaftsführer (Unteroffizier, seltener Sergeant oder Gefreiter), mehrere derselben, eine Inspektion, einem Leutnant. Vgl. Sasse, Instruktion über Korporalschaftsführung (6. Aufl., Berl. 1904). Napoleon I. hieß bei seinen Soldaten scherzhaft le petit caporal.

„Gut. Trete Er einmal näher!"

Der Mann folgte mit niedergeschlagenen Augen dem Befehl.

„Nun, Er Himmelhund, wie steht es denn mit dem naseweisen

Schnabel? Will Er ihn mir denn noch auf das Leder zeichnen lassen?"

„Durchlaucht ... Excellenz ... ich ahnte nicht ... ich ... ich ..."

„Na, jetzt kennt Er mich und wird's wohl nicht wieder machen. Hier hat Er einen Gulden, und trinke Er ein paar Krüge, um sich den Schnabel naß zu machen. Der Heinz soll eintreten!"

Der Soldat zog sich freudig dankend zurück und hielt den Eingang für einen Mann offen, der in parademäßiger Haltung hereinmarschierte, drei Schritte von der Schwelle entfernt die Fersen aneinanderschlug und, mit der Hand salutierend, im tiefsten Basse grollte: „Eingetroffen zu Bedienung, Dorchlaucht!"

„Schön, Heinz! War eher da als du. Wie kommt das?"

„Der alte Bagagewagen ging auseinander. Schändliches Gerümpel, Dorchlaucht!"

„Nicht räsonnieren, Heinz. Laß dir ein Zimmer anweisen. Werde bald nachkommen."

„Zu Befehl, Dorchlaucht."

Er machte kehrt und marschierte ab.

Der Fürst wendete sich wieder an die Offiziere.

„Meine Herren, die Kurfürstlichen werden von Tag zu Tag dreister und gebärden sich gerade so, als ob wir nur zum Spaß an der Grenze ständen. Sie haben unter unseren Augen Werbestationen errichtet, die ihre Fangarme sogar herüber in das Brandenburgische strecken, und zu meinem Bedauern muß ich hören, daß eure Wachsamkeit sich von den Galgenvögeln täuschen läßt. Es muß einmal ein Exempel statuiert werden, ein gewaltiges Exempel, und darauf bezog sich die gestrige Ordre, die ... die der Oberstwachtmeister samt seinem ganzen Offiziercorps nicht lesen konnte. Ich habe erfahren, daß die rührigste Station im Hause des Gastwirts Hämmerlein zu Gartow zu suchen sei, und werde, da ... da meine Ordre nicht gelesen werden konnte, die Sache einmal in die eigene Hand nehmen. Ich gehe heute nach Gartow und ..."

„Excellenz," wagte Dennau, ihn zu unterbrechen, „bedenken doch gütigst die Gefahren, welche ..."

„Papperlapapp! Ich gehe. Abgemacht, und nicht gemuckst! Wenn meine Offiziere sich täuschen lassen, so muß ich einmal die eigenen Augen offen halten, und überdies gehe ich in hinlänglicher Begleitung. Man lasse sofort den Wachtmeister Bellheimer von der Schwadron des Rittmeisters von Galen rufen."

„Bellheimer? Entschuldigen Excellenz, der hat heute Morgen auf zwei Tage Urlaub erhalten."

„Urlaub? In welcher Angelegenheit?"

„Auch uns ist das Treiben jenseits der Grenze, und besonders zwischen hier und Gartow, aufgefallen, obgleich unsere Nachforschungen leider bisher ohne Resultat geblieben sind. Bellheimer nun meldete sich gestern bei mir und versprach, der Sache ganz gewiß auf die richtige Spur zu kommen, wenn ich ihn auf zwei Tage entlassen wolle. Ich entsprach natürlich seinem Wunsche und glaube, daß er sich längst unterwegs befindet."

„Ah ... hm ... braver Kerl, der Bellheimer! Kenne ihn ... wird Wort zu halten suchen! Werde aber dennoch meinen Plan ausführen und nun ohne Begleitung gehen. Herr Oberstwachtmeister!"

„Excellenz?"

„Bin ich heut' Abend punkt neun nicht zurück, so reitet Rittmeister von Galen mit seiner Schwadron hier ab und direkt nach Gartow, besetzt sofort das Schloß und den Gasthof des Wirtes Hämmerlein, wo er mich an einem der beiden Orte wohl finden wird. Verstanden?"

„Zu Befehl, Excellenz; doch gestatte ich mir eine Wiederholung meiner dringenden Bitte, um ..."

„Keinen Widerspruch," klang es scharf und kurz; „weiß ganz allein, was ich thue!" Dann fügte er in freundlicherem Tone hinzu:

„Haben die Herren schon gefrühstückt?" „Nein."

„Dann laden wir uns bei dem Herrn Oberstwachtmeister zu Gast, doch nur auf Brot und Bier; zu mehrerem bleibt mir nicht Zeit genug."

Der Offizier war über dies Wendung der für ihn so ungünstig begonnenen Unterhaltung hoch erfreut, und bald saßen die Anwesenden in respektvoller Haltung mit ihrem Feldherrn an dem frugal besetzten Tisch. An Delikatessen durfte Dennau nicht denken; er kannte den Geschmack des Fürsten.

Schwadron, so v. w. Escadron.

Escadron (fr., spr. Eskadrong), eine Reiterabteilung von 100—200 Pferden, in einigen Armeen wieder in 2 Compagnien getheilt. Meist machen 4, oft auch 5, zuweilen 8—10 ein Regiment aus. Karl V., König von Frankreich, soll zuerst die Sitte, in E-s, d. h. in Schlachthaufen zu kämpfen, eingeführt haben. Der **Escadronchef** (Chef d'e.), ist meist ein Rittmeister, welcher Hauptmannsrang hat, zuweilen auch, wenn die E. 2 Compagnien hat, ein Stabsoffizier; derselbe hatte ehemals in der französischen Armee den Rang als Obristlieutenant.

Schwadroniren, 1) mit dem Säbel nach den reglementmäßigen Schwadronhieben zu Pferd um sich hauen, ohne sich nach den Regeln der Fechtkunst zu richten; 2) viel, aber ohne die gehörige Überlegung sprechen.

Rittmeister, bei der Cavallerie das, was der Hauptmann bei der Infanterie ist. Bei den Armeen, wo eine Escadron aus 2 Compagnien besteht, befehligt ein R. jede Compagnie, u. der älteste die Escadron im Ganzen. Zuweilen ist hierzu auch ein besonderer Major (bei den Franzosen Chef d'escadron) angestellt. Bei anderen Armeen, wo die Escadrons nicht in Compagnien zerfallen, führt jede Escadron einem R. Man hat auch R. erster u. zweiter Klasse, deren Erster mehr Sold als Letzter bezieht.

**Aus „Uniformkunde" (1890)
von Richard Knötel (1857-1914).**

Unterdessen machte sich Heinz in dem ihm angewiesenen Zimmer mit dem wenigen Gepäck zu schaffen, welches er für seinen Herrn mitgebracht hatte. Er war Leib- und Kammer-Husar des Fürsten und eine wegen seiner derben Gutmütigkeit und Originalität ebenso wie durch seinen oft bewiesenen Mut nicht nur in der nächsten Umgebung des Fürsten, sondern auch in allen Dessauer Landen und der ganzen Armee bekannte, geachtete und beliebte Persönlichkeit. In der Stadt Dessau geboren, war er mit Leopold in den Niederlanden, am Rhein, in Baiern, Oesterreich und Italien gewesen, hatte dessen sämtliche Feldzüge und Reisen mitgemacht. Er war ihm so lieb geworden und so mit ihm verwachsen, daß er dem strengen Herrn und Gebieter gegenüber manches sich erlauben konnte, was ein anderer bei Leib und Leben nicht hätte wagen dürfen. Dafür war er ihm auch mit ungewöhnlicher Treue ergeben; hatte um dieser Treue willen nicht geheiratet und wäre für ihn täglich hundertmal mit Freuden in den Tod gegangen.

Alle, denen der Fürst gewogen war, konnten auch auf die Freundschaft Heinrich Balzers, wie sein voller Name lautete, rechnen; und da der erstere schon öfters eine gewisse Gönnerschaft für den Wachtmeister Bellheimer an den Tag gelegt, so hatte auch Heinz ihn in sein altes Herz geschlossen und heute gleich nach seiner Ankunft nach ihm sich erkundigt. Leopold war ihm in allen Stücken ein nacheifernswertes Vorbild, und darum hielt er sich auch in seinem Aeußeren ganz seinem Herrn entsprechend. Er trug Haar und Bart gerade so wie dieser, hatte ganz dessen Gang, Haltung und Ausdrucksweise kopiert und hätte von einem, der wohl von dem 'alten Dessauer' gehört, ihn aber noch nicht gesehen hatte, recht gut für diesen gehalten werden können. Er erzählte unendlich gern von seinen Erlebnissen und fand, wenn es keinen anderen Zuhörer gab für seine Geschichten, doch stets zwei willige Ohren: seine eigenen, denen er stundenlang mit einem Eifer, als hätte er einen zahlreichen Hörerkreis um sich, vorplaudern konnte. Ebenso war es eine seiner Haupteigentümlichkeiten, daß er nie Durchlaucht sagte, sondern ein für allemal das U in ein O verwandelte.

Jetzt befand sich aber der zweite diensthabende Korporal bei Heinz, um ihm beim Ordnen der mitgebrachten Bagage hülfreich an die Hand zu gehen.

„Also der Bellheimer ist wirklich auf Urlaub?"

„Ja, zwei Tage." „Weiß Er vielleicht weshalb?" „Nein."

„Hm, ja, er macht nie viele Worte, der brave Junge. Mord-Element, hab' ihn fast ein wenig lieb und hätte ihn fürs Leben gern einmal wiedergesehen. Kann Er mir wohl sagen, ob der Wachtmeister irgendwo eine Liebste hat?" „Nein."

„Hm, könnte möglich sein, daß er eines Mädels wegen den Dienst im Stiche ließe. Traue ihm aber eine solche Dummheit eigentlich gar nicht zu. Hab' auch nie dran gedacht, selbst nicht in meinen jungen Jahren. Ein einziges Mal nur hätte ich mich beinahe in ein rundes Lärvchen verguckt, und das war dazumal, als wir in Baiern Anno Vier an der Donau standen, um bei Hochstädt dreinzuschlagen. Wir lagen bei einer jungen Witfrau in Quartier, ich und die Dorchlaucht nämlich; ich sage bei einer jungen, hübschen Witfrau, und die hatte, es ist Wort für Wort wahr, sogar ein Auge auf mich geworfen. Das war eigentlich auch gar nicht anders zu erwarten; denn wir waren zwei Kerls, nämlich ich und die Dorchlaucht, zwei Kerls, sage ich Ihm, lang und schlank, drall und schmuck, wie gemalt, und dazu jung, gesund und voll Race, wie ein arabischer Schimmel. Eines Tages nun stehe ich unter der Thüre und putze grad' mein Lederzeug; da kommt sie die Treppe herab und stellt sich vor mich hin mit einem Blicke, als ob ich nur rasch zuzugreifen und meinen Schnurrwichs an ihr rotes Mäulchen zu wischen hätte. Korporal, ich sage Ihm, drei Finger breit über dem Magen fing es wirklich an zur Attacke zu trommeln, und wer weiß, was alles geschehen wäre! Aber da kommt es plötzlich die Straße herauf galoppiert, hält vor dem Hause, und wer steigt ab? – eine Ordonnanz vom Prinzen Eugenius, welche den Befehl bringt, daß ..."

„Heinz!" erscholl es da hinter dem Erzähler.

Er fuhr herum, erblickte den Fürsten, welcher vom beendigten Frühstücke kam, und streckte sich sofort in die reglementsmäßige stramme Haltung. Der Korporal war bei dem Klange der tiefen Stimme augenblicklich aus der Stube verschwunden.

„Dorchlaucht?" „Ich gehe hinüber nach Gartow."

„Hinüber nach Gartow? Aber, Dorchlaucht, das ist ja hannöversch!"

„Thut nichts. Zum Abende bin ich wieder hier. Hast Urlaub bis dahin."

„Urlaub? Fällt mir nicht ein. Ich gehe mit."

„Kann dich nicht brauchen!"

„Was? Hm, möglich; aber ich kann Dorchlaucht brauchen!"

„Geht nicht; basta, abgemacht! Will mal nachsehen, was die Kurfürstlichen für Vogelbauer haben; weiß einen Weg, auf dem ich sicher hinüber und herüber komme, und treffe dabei vielleicht auf den Bellheimer, der auch hinüber ist."

„Soll ich die Pistolen hervorsuchen, Dorchlaucht?"

„Nein; hab' genug an der Peitsche, die mit Blei ausgegossen ist. Kannst aufsitzen und mit dem Rittmeister von Galen nachkommen, wenn ich um neun noch nicht zurück bin."

„Dorchlaucht, ich hab' niemand 'was zu befehlen; aber, Schockschwernot, viele Hunde sind des Hasen Tod. Wenn sie Euch nun packen, dann ... na, dann komme ich hinüber, und gnade Gott dem, der mir vor den Säbel kommt! Besser aber ist's, ich gehe jetzt gleich mit." „Du bleibst!"

Der Ton, in welchem diese zwei Worte gesprochen wurden, war entscheidend. Der Fürst ging und Heinz verfolgte vom Fenster aus die hohe Gestalt, bis sie hinter der Ecke des Marktes verschwunden war. Er hatte das Gefühl, als gehe sein Gebieter einem Unglück, einer großen Gefahr entgegen, und er mußte an sich halten, ihm nicht unbemerkt zu folgen.

So stand er noch lange Zeit am Fenster und blickte mit düsterem Auge auf die Straße hinab; da zuckte es plötzlich überrascht durch seine alten, treuen Züge.

„Tausend Schock ... wer ist denn das? Ich glaube gar ... ja, wahrhaftig, da kommt der Bellheimer gelaufen, der über die Grenze hinüber sein soll, und macht Beine, als müsse er in zwei Stunden die Lüneburger Heide messen. Der hat etwas auf dem Herzen und will damit zum Herrn Oberstwachtmeister. Wart', ich fange ich ab!"

Er öffnete die Thüre, an welcher der Kommende vorüber mußte.

„Links abgeschwenkt; zu mir herein, Wachtmeister!" kommandierte er. „Habe mit Ihm einiges zu reden."

„Heinz!" rief der Angeredete mit froher Miene. „Ihr hier im Hause? Da ist Seine Durchlaucht wohl noch nicht fort?" „Warum?"

„Weil ich auf der Stelle mit dem Fürsten sprechen muß."

„Da kommt Er um eine Viertelstunde zu spät."

„Also doch schon fort! Wohin? Nicht wahr, nach Gartow hinüber?"

„Ja. Woher weiß denn Er das?"

„Nachher, Heinz? Jetzt muß ich vor allen Dingen zum Herrn Oberstwachtmeister, sonst wird der Fürst von den Kurfürstlichen gefangen. Komme auf dem Rückwege wieder herein."

Der Kammerhusar ergriff ihn beim Arme und hielt ihn fest.

„Halt, Bellheimer; nicht von der Stelle! Wenn der Feldmarschall sich in Gefahr befindet, so steht der Heinz über dem Oberstwachtmeister und über allen Generalen. Heraus also mit Seiner Meldung! Wer will den Herrn fangen?"

„Der Fährmann und der Hämmerlein."

„Fährmann – Hämmerlein? Bomben-Element, wer sind denn diese Hallunken?"

„Fährmann heißt der Wirt zum 'Blauen Stern' hier, und der Hämmerlein ist aus Gartow, auch ein Gastwirt."

„Zwei Wirte? Und diese beiden Bierschlingels wollen sich an meine Dorchlaucht machen? Da werde ich zwischen sie hineinfahren, daß die Fetzen auseinanderfliegen! Wo hat Er denn die Kunde her?"

„Nachher, Heinz, nachher! Die Zeit ist kostbar; ich muß zum Platz-Kommandanten."

Die Gelegenheit ersehend, daß Heinz seinen Arm losgelassen hatte, war er zur Thüre hinaus. Der Leibhusar wollte ihm nach, besann sich jedoch anders und riß einen Mantelsack auf, dem er zwei geladene Reiterpistolen entnahm.

Einschüssige Steinschloss-Reiterpistole aus der Handlungszeit der Erzählung. Sie wurde nach einem Schuss zum Schlagen benutzt.

„Zwei Schnapssieder – und die Dorchlaucht fangen, den Fürsten und Feldmarschall Leopold von Anhalt-Dessau Excellenz? Das ist verrückt, das ist wahnsinnig, das ist Mord, Raub, Hochverrat und Majestätsüberfall. Ich laufe ihnen nach und schieße sie über den Haufen, wo ich sie nur finde! Aber warten muß ich doch, bis der Bellheimer wiederkommt. Hm, verwünschte Geschichte! So ist's, wenn man dem Heinz bis neun Uhr Urlaub giebt, statt ihn mitzunehmen, wie sich's gehört!"

Er ging mit langen, schweren Schritten hin und her, lauschte ungeduldig auf jedes Geräusch, welches sich draußen vernehmen ließ, und wühlte dazwischen ratlos in seinen Siebensachen herum nach Waffen und anderen Gegenständen, die ihm bei der Verfolgung der beiden 'Schnapssieder' von nöten schienen. So war wohl über eine Viertelstunde verflossen, und der Wachtmeister ließ noch immer auf sich warten.

„Bomben und Granaten, wo bleibt nur dieser ewige Wachtmeister? Derweilen können sie meine Dorchlaucht bis zu den Mongolen schleppen! Ich glaube, denen da oben ist der Schreck in den Verstand gefahren, und nun sitzen sie beisammen und lernen das königlich preußische privilegierte Gesangbuch der guten Stadt Pasewalk auswendig! Das zieht und zerrt und wartet und dehnt, grad' wie der weise kaiserliche Hofkriegsrat zu Wien damals, als wir Anno Vier gegen die Baiern und die Franzosen marschierten. Aber der Prinz Eugen machte den langsamen Herren einen schnellen Strich durch die unendlich lange

Rechnung. Es ist, als wär's wie heute: wir lagen bei der jungen Witfrau in Quartier, nämlich ich und der Fürst, die ein Auge auf mich geworfen hatte. Ich weiß wahrhaftig nicht, zu was das hätte führen sollen; denn eines schönen Morgens stehe ich unter der Thüre und putze grad' mein Lederzeug, da kommt sie die Treppe herab, stellt sich vor mich hin und macht mir ein paar Augen, daß mir Hören und Sehen vergeht. Da kommt es zum Glück die Straße heraufgaloppiert, hält vor dem Hause, und wer steigt ab? – eine Ordonnanz vom Prinzen Eugenius, welche den Befehl bringt, daß ..." Bellheimer trat ein.

„Gott sei Dank, da ist Er ja endlich wieder! Nun schieße er aber schleunigst los."

„Muß es kurz machen, Heinz hab' keine Zeit; muß sofort mit nach dem 'Blauen Stern'!"

„Nun?"

„Der Hämmerlein in Gartow macht den Seelenverkäufer, und der Fährmann schickt ihm jeden hübschen Burschen zu, dessen er habhaft werden kann. Er giebt ihm zum Scheine einen Auftrag an Hämmerlein, verspricht ihm einen guten Botenlohn, und wenn der Betrogene dann hinüberkommt, so wird er festgehalten und muß die Muskete tragen."

„Da soll doch gleich ein dickes Prasselwetter –"

„Der Hämmerlein hat eine Tochter, ein Mädchen wie ein Husar, und die ist meine Liebste."

> Seelenverkäufer, 1) (Zettelverkäufer), in Holland Personen, welche Matrosen ob. Soldaten zum Dienst für die Colonien anzuwerben suchten, dieselben bis zur Abfahrt der Schiffe unterhielten u. sich dann von dem Solde derselben bezahlt machten. Sie bekamen deßhalb bei der Abfahrt einen Schuldbrief (Transportzettel) auf 150 Fl. ausgefertigt, welche, wenn der Verkaufte am Leben blieb, diesem vom Lohne abgezogen u. dem S. ausgezahlt wurden. Diese Transportzettel wurden von dem S. für einen niedrigeren Preis an Capitalisten verkauft, welche dann den möglichen Gewinn ziehen konnten ob. den Verlust tragen mußten. Es wurde aber mit jenen Zetteln, so wie mit den sogenannten Monatszetteln, worin ein Angeworbener seinen Verwandten in Europa versprach sich jährlich ein Paar Gulden von seinem Solde abziehen u. das Geld jenen auszahlen zu lassen, arger Mißbrauch getrieben. Diese S. wandten allerlei Kunstgriffe u. selbst Gewalt an, um Menschen, bes. unerfahrene junge Leute u. Fremde in dieser Absicht in Trinkhäusern, Bordelle u. a. dgl. Lustorte zu locken u. so in ihre Hände zu bekommen. Sie wurden dann durch Einkerkerung in ein finsteres Loch u. durch Mißhandlungen mürbe gemacht, in einigen Handgriffen geübt u. als gediente Soldaten den Abgeordneten der Compagnien vorgestellt, etwaige Reclamationen u. Schreien nach Gerechtigkeit wurde überhört, ob. als bloße Ausbrüche der Reue nach eingegangenem Engagement betrachtet. Jetzt ist dieses Unwesen durchweg abgeschafft. Auch in Seestädten anderer Länder wurde sonst die Seelenverkäuferei, obgleich verboten, doch betrieben. 2) Der einen Menschen für Geld in die Gewalt eines anderen giebt, z. B. geraubte Kinder an Seiltänzer verkauft.

„Seine Liebste? Rappelt's etwa bei Ihm? Wer eine Liebste hat, der ist ..."

„Mag gut sein, Heinz; muß mich kurz fassen. Ich bin also oft hinüber und habe da so manches beobachtet, was mir verdächtig schien und mich auf die richtige Spur brachte. Gestern nahm ich Urlaub auf heut' und morgen, um das Ding einmal genau zu untersuchen. Ich ging heut' in den 'Blauen Stern', that verschlafen und vertrunken und legte mich aufs Kanapee, um unerkannt zu bleiben. Da kam der Hämmerlein aus Gartow und bestellte sich beim Wirte neue Burschen, Ausexerzierte und sogar Offiziere.

Habe alles gehört und belauscht. Nachher kam auch der Fürst und setzte sich an meinen Tisch."

„Die Dorchlaucht? Donner und Doria, davon weiß ich kein Sterbenswort! Er hat Ihn doch sofort erkannt?"

„Nein, ich trug keine Uniform und verdeckte das Gesicht mit der Hand. Hatte meine Gründe dazu. Der Wirt hielt ihn für einen Viehhändler aus Clenze, wurde gesprächig und beschrieb ihm einen Schleichweg nach Gartow. Einer von den Gästen aber hatte die Excellenz erkannt und sagte es nachher. Der Wirt erschrak, besann sich aber bald und schickte heimlich seinen Sohn, der mein Mädchen, die Anna, heiraten soll, zu Pferde hinüber nach Gartow zum Major von Zachwitz, um den Fürsten aufgreifen zu lassen. Habe alles beobachtet und belauscht. Dann that ich, als ob ich erwache. Fährmann schien mich für einen verlaufenen Strolch zu halten, der gut in den kurfürstlichen Rock passe, setzte sich zu mir und bat mich endlich, ihm ein paar Zeilen nach Gartow zum Hämmerlein zu tragen. Ich sagte 'Ja', bekam das Papier und ging, aber nicht nach Gartow, sondern zum Platzkommandanten."

„Das ist ja eine heidenmäßige Geschichte! Wie geht denn der Weg, den der Fährmann beschrieben hat?"

„Hab' ihn schon dem Herrn Oberstwachtmeister beschrieben. Jetzt muß ich fort; der Korporal ruft." „Wohin denn wieder?"

Preußische Grenadiere – ganz rechts Grenadier-Offizier
Von Historienmaler Richard Knötel (1857-1914).

„Zum 'Blauen Stern'. Der Fährmann wird arretiert. Und eine Compagnie Grenadiere ist schon unterwegs, um den Fürsten womöglich noch zu ereilen."

Mit der letzten Erklärung eilte er hinaus. Heinz starrte mit offenem Munde die Thüre an.

„Da hat man die Bescherung! Die Dorchlaucht in die Wicken, die Kurfürstlichen über sie her! Und die Grenadiere, die nutzen nichts, reineweg gar nichts; denn der Fürst hat Beine wie ein Storch und läuft noch über den jüngsten Schneidergesellen weg. Der ist schon längst über die Berge, und der Heinz, Donnerwetter, der steht da und hält Maulaffen feil! Vorwärts marsch, alter Esel, hinüber nach Gartow und die Excellenz herausgehauen! Ich habe Urlaub und kann gehen, wohin es mir beliebt."

> Grenadier, ursprünglich im 16. Jahrh. zum Werfen der Handgranaten bestimmter Soldat, welcher wegen der Gefahr, die mit der Behandlung dieser Hohlkugeln verknüpft war, besondere Vergünstigungen erhielt. Der schwedische General Lars Kagge vereinte 1634 während der Vertheidigung von Regensburg die Freiwilligen, welche gegen das Versprechen erhöhten Soldes es übernahmen, die Granaten zu werfen, zum ersten Male in eine besondere Grenadiercompagnie. Erst unter Ludwig XIV. fand diese Einrichtung 1672 in Frankreich Nachahmung, indem zunächst jedem Regiment, bald darauf aber jedem Bataillon eine Grenadiercompagnie gegeben wurde; in Brandenburg errichtete der Kurfürst Friedrich Wilhelm sogar Grenadierbataillone, welche jedoch nur als Garden zu betrachten waren. In Folge der wesentlichen Verbesserungen des Infanteriegewehres kam nun zwar das Granatenwerfen bald außer Gebrauch, man ließ aber überall die Grenabiercompagnien als eine Elite der Infanterie fortbestehen, welche bei Sturmangriffen auf Festungen gewöhnlich voran mußten. In demselben Sinne wurden 1676 in Frankreich Grenadiers à cheval errichtet, welche zu den Garden gehörten, u. in Rußland u. Österreich erhielten die Dragonerregimenter ebenfalls Grenadiercompagnien. Während des Siebenjährigen Krieges wurde die Bildung selbständiger Grenabierbataillone fast allgemein. In Frankreich vereinigte Napoleon die Grenadiercompagnien zunächst in Bataillone, später in Regimenter u. Brigaden, zuletzt in ein besonderes Corps, welches Marschall Oudinot 1809 befehligte u. das nebst den Garden die Reserveinfanterie bildete. Ein ähnliches Corps besteht sich gegenwärtig nur in Rußland. In Frankreich ist die rechte Flügelcompagnie jedes Bataillons eine Grenadiercompagnie; in Österreich haben die Grenadiercompagnien die Bestimmung, im Kriegsfalle in besondere Bataillone vereinigt zu werden; in Preußen führen die Mannschaften der Gardeinfanterie den Namen G—e, u. außerdem bestehen zwei Grenadierregimenter.

Er griff wieder nach den Pistolen, in deren mit Silber beschlagenen Schäften die fürstlich dessauische Krone eingraviert war.

„Hm; aber so kann ich doch unmöglich fort! Die Dorchlaucht ist als Viehhändler hinüber; das ist das beste, das kann ich auch. Herunter mit den Gamaschen; ich ziehe die langen Stiefel an; einen blauen Kittel habe ich auch, und eine Peitsche kann ich in jedem Seilerladen haben. Also vorwärts, Heinz, und drauf auf die Hallunken, wie damals auf die Baiern und Franzosen, nämlich ich und die Dorchlaucht Anno Vier!"

*

Im Speisezimmer seines Schlosses zu Gartow saß der hannoversche Landrat Andreas Gottlieb Freiherr von Bernstorff an der Seite des Majors von Zachwitz. Die beiden Herren pflegten nach Tische, wenn die Dame des Hauses mit den beiden Söhnen, von denen der Jüngere

Andreas Gottlieb „der Jüngere" Freiherr von Bernstorff (1708-1768), auf Gartow, Dreilützow und Rüting, kurhannoverscher Kriegsrat, Land- und Schatzrat im Fürstentum Lüneburg.

Die erwähnte *Dame des Hauses*: Dorothea Wilhelmine (1699-1763), geb. von Weitersheim, Ehefrau von Adreas Gottlieb d. J.

später als Diplomat so berühmt wurde, sich zurückgezogen hatte, noch eine Flasche alten Rebensaftes auszustechen, einen guten Knaster zu dampfen und über Krieg und Frieden sich zu unterhalten.

So auch heute. Die Streitigkeiten mit Preußen bildeten natürlich den Hauptgegenstand ihres Gespräches, welches ruhig und ohne den geringsten Zwiespalt von statten ging, da die beiden Männer zu der gleichen politischen Farbe sich bekannten und auch sonst eng befreundet waren.

„Gestern erhielt ich die Kunde," meinte der Major, „daß der Fürst von Dessau im Begriff stehe, die Besetzung der Grenzlinie in eigener Person zu inspicieren."

„Ah! das wird ein lebhaftes Halloh unter der Bevölkerung der Linie geben; denn die Suite eines Feldmarschalls des Deutschen Reiches und Preußens muß sicher eine zahlreiche und glänzende sein."

„Da irrt Ihr Euch sehr in dem alten Knasterbart. Zwar muß ich gestehen, daß ich ihn auch nicht gesehen habe; doch nach dem, was man von ihm hört, ist ihm sehr zuzutrauen, daß er inkognito von Posten zu Posten schleicht, um die Säumigen zu überraschen und nach Herzenslust anschwernötern zu können. Kennt Ihr ihn, Baron?"

„Von Ansehen, ja. Habe ihn vor zwanzig Jahren einigemale in Halle und auch in Magdeburg gesehen, und dieses Gesicht kennt man unter Tausenden heraus. Er wird gewaltig donnerwettern, wenn er drüben hört, was für gute Geschäfte Eure Werber machen."

„Will's glauben. Und es wird vielleicht noch besser werden mit diesen Geschäften. Es ist ja das einzige, was man thun kann, um sich und den Leuten die Langeweile zu verkürzen. Ich lobe mir einen frischen, fröhlichen Krieg. Dieses abspannende Zuwarten und Grenzwachen macht die Knochen mürbe und nudelt den Mut in die Breite wie einen Kuchenteig. Ginge es nach dem Dessauer, so hätte er schon längst dreingeschlagen, und wir könnten ihm herzlich dankbar dafür sein. Ich wollte, ich bekäme ihn einmal von Angesicht zu Angesicht zu sehen! Er ist ein wackerer alter Degenkopf, dem man, ob Freund oder Feind, doch sicher gut sein muß."

„So laßt die Euern die Augen offen halten! Es wäre ja vielleicht möglich, daß er einige Schritte zu weit zur Seite liefe und dabei die Farben der Grenzpfähle verwechselte."

„Das wäre allerdings ein Fang, wie's keinen zweiten giebt; aber so wohl wird es uns nicht werden, dafür ist gesorgt."

„Der Gastwirt Hämmerlein wünscht den Herrn Major zu sprechen," meldete der eintretende Diener.

„Soll kommen!"

Die kurze, dicke Gestalt des Wirtes schob sich unter tiefen Reverenzen durch den Eingang.

„Was bringt Er neues, Hämmerlein?"

„Darf ich sprechen, gnädigster Herr Major?"

„Warum nicht? Der Herr Baron kann immerhin hören, was Er zu sagen hat!"

„Ich war heut früh in Lenzen."

„Wirklich? Hat Er den Fährmann aufgesucht?"

„Ja. Er hat seine Bezahlung erhalten und wird mit den Sendungen in der jetzigen Weise fortfahren."

„Das ist ja schön! Ist er auf den weiteren Vorschlag eingegangen?"

„Auch das. Ich kenne ihn und weiß, daß er gut aufpassen und uns die Streifpatrouillen möglichst signalisieren wird."

„ Soll mir lieb sein, wenn er Wort hält, und Euer Schaden ist's dann sicher nicht; jeder Arbeit ihren Lohn! Hat er noch etwas?"

„Nein. Ich hielt es nur für meine Pflicht, das Ergebnis der heutigen Unterredung gehorsamst zu melden."

„Danke. Er kann also abtreten!"

Hämmerlein ging. Er hatte ein sehr bewegtes Leben geführt und manchen Thaler auf eine Weise verdient, von der niemand etwas zu erfahren brauchte. Sein anfangs kleines Heimwesen hatte sich dadurch nach und nach vergrößert; er war ein anerkannt wohlhabender Mann geworden und hatte nur den Wunsch, seine Tochter, die sein einziges Kind war, möglichst gut an den Mann zu bringen, seine Liegenschaften in flüssiges Kapital zu verwandeln und von den Zinsen desselben ein ruhiges und gemächliches Leben zu führen. Vor dieser Ruhe aber wollte er seine Thätigkeit einmal verdoppeln, um zu guter Letzt noch so viel wie möglich zum Bisherigen hinzuzufügen. Die moralische Natur des Geschäftes war ihm dabei vollständig gleichgültig; Geld hieß sein Zweck, und erreichte er ihn, so war alles andere Nebensache. Zu Hause stand ihm eine Ueberraschung bevor. Der wohlbekannte Braune Fährmanns stand gesattelt und gezäumt neben der Thüre, an einem Ringe befestigt, und in der Stube saß Ludwig, welcher soeben erst angekommen war, um sich seines wichtigen Auftrages zu entledigen.

„Was der Tausend, du bist's Ludwig? Das ist ja die reine Hetzjagd. Kaum bin ich von euch in Lenzen fort und einen Augenblick daheim, so finde ich dich schon hier! Dem muß etwas ganz Notwendiges zu Grunde liegen. Was führt dich denn so schnell herüber?"

„Sind wir allein?"

„Wie du siehst, ja. Die Anna weiß alles und kann wohl hören, was du sagst."

„Es ist aber eine äußerst wichtige und verschwiegene Sache!"
Das Mädchen, welches nähend am Fenster gesessen hatte, erhob sich und schickte sich an, die Stube zu verlassen.

„Wenn der Herr Fährmann glaubt, daß ich mich für seine Rede interessiere, so kann ich ihm das Gegenteil beweisen. Ich gehe!"

„Bleib'!" befahl der Vater. „Zwischen euch soll's keine Heimlichkeiten geben."

Sie setzte sich, von den beiden abgewendet, wieder nieder und fuhr in ihrer Beschäftigung fort.

„Ich dachte Euch noch einholen zu können," nahm der Bursche das Wort wieder auf; „aber Ihr müßt derb gelaufen sein. An der Grenze hatte ich allerlei Scherereien zu erleiden, die mich aufgehalten haben. Es ist nämlich gleich nach Eurem Weggange etwas passiert, was ungeheuer vorteilhaft für uns ausfallen kann; wenn Ihr Euch billig finden laßt, so bin ich bereit, es Euch mitzuteilen."

„Du thust ja ganz ungeheuer wichtig! Was ist denn vorgefallen?"

„Das nachher erst; zuvor muß ich Euch eine Frage vorlegen."

„Nun?"

„Ihr habt mir und dem Vater wegen der Anna Versprechungen

gemacht, die bis heute noch nicht in Erfüllung gegangen sind; und wenn es bleibt, wie es ist, so kann ich lange warten, bis ich sie zur Frau bekomme!"

„Das klingt deutsch. Was hast du denn eigentlich an uns auszusetzen, he?"

„An Euch weniger, desto mehr aber an der Anna. Ihr habt sie mir versprochen, und ich komme, trotz der Gefahr, die ein lediger und gesunder Bursche bei Euch läuft, wöchentlich herüber, um sie zu sehen und mit ihr zu verkehren. Sie aber thut nicht dergleichen, läßt mich sitzen, wo ich sitze, und zieht mir, wenn ich ihr ja einmal nachgehe, ein Gesicht, als hätte sie den Heuboden verschluckt. Ihr ist der Bellheimer, der maliziöse Kerl, lieber als ich, und Ihr laßt Gottes Wasser über Gottes Land laufen, obgleich es nur auf ein Wort von Euch ankommt, um der Sache ein Ende zu machen. Ich kann der Mädels genug bekommen und brauche keiner nachzulaufen und gute Worte zu geben. Macht's kurz, Hämmerlein: Soll ich sie haben oder nicht?"

„Hopp, hopp! das geht ja über Stock und Stein, als ob kein Augenblick mehr zu verlieren sei! Brennt dir's denn gar so unter den Nägeln?"

„Das nicht, im Gegenteil, ich habe Zeit und kann mich auch einmal anderwärts umsehen. Aber mich an der Nase herumführen lassen, dazu habe ich keine Lust. Und wenn wir Euch solche Dienste leisten, wie der jetzige ist, so dürfen wir auch auf ein verständiges Einsehen rechnen."

„So! Welchen Dienst meinst du denn?"

„Ihr habt heut' zum Vater gemeint, daß es dem Major ein großer Gefallen wäre, auch einmal einen Offizier von drüben wegschnappen zu können?"

„So ist's. Was weiter?"

„Ihr könnt gleich heut schon einen haben, und was für einen!"

„Wirklich? Das glückte ja recht schnell. Was ist's? Ein Leutnant?"

„Höher!" „Ein Hauptmann oder Rittmeister?" „Höher!" „Ein Major?" „Immer höher!"

„Dummheit! Doch nicht etwa gar ein Oberst?" „Nein, noch höher!"

„Dann wär's ein General. Aber das ist unmöglich, und der General bist du, nämlich ein Generalschwindler!"

„Was ich sage, das ist wahr. Es ist ein wundervoller, seltener Fang!"

„Also wirklich ein General?" „Noch höher!"

„Donnerwetter! Junge, du hast entweder den Verstand verloren oder willst mich foppen; denn höher giebt es bloß noch einen einzigen, und das ist der Dessauer selbst."

„Der ist's auch!"

„Der? Wie soll denn der in unsere Hände kommen?"

„Leicht, kinderleicht." „Ich glaube, du hast das Fieber oder den Sonnenstich!"

„Keins von beiden. Uebrigens ist die Sache von großer Eile, sodaß ich keine Zeit für Euern Zweifel habe. Wollt Ihr ihn fangen oder nicht?"

„Es kann nicht wahr sein; es ist zu ungeheuerlich!"

„Dann sind wir also fertig. Adjes, Hämmerlein."

„Halt, Junge! In der Welt ist manches Unmögliche möglich, und der Kuckuck könnte sich doch einmal den Spaß machen, den alten Eisenfresser uns herüber zu führen. Erzähl' also einmal ausführlicher."

„Da habe ich erst eine Bedingung zu machen." „Welche?"

„Gebt mir Gewißheit und Handschlag wegen der Anna, und Ihr sollt ihn fangen, sonst aber nicht!" „Flunkerst du wirklich nicht?" „Nein!"

„Gut! Hier die Hand; das Mädel ist dein, und in acht Wochen ist Hochzeit, wenn wir den Dessauer bekommen. Aber das Fanggeld gehört dann mir allein."

„Zugestanden!"

„Anna, komm her und gieb dem Bräutigam die Hand!"

Das Mädchen erhob sich. Sie war fast um einen Kopf länger als ihr Vater, und Bellheimer hatte ganz recht gehabt, als er zu Heinz sagte: „ein Mädel wie ein Husar." Ihr Gesicht war hochgerötet, und ihr Auge blitzte, als sie zu den beiden trat. Ludwig legte den Arm um sie; im nächsten Augenblick aber fiel ihre Rechte laut klatschend auf seine Wange und fuhr ihm dann mit so unerwarteter Stärke vor die Brust, daß er zurücktaumelte und auf seinen Stuhl niedersank.

„Das ist mein Bescheid!" rief sie mit zornig erregter Stimme. „Wenn der Vater den Menschenhändler macht, so muß ich es leiden, weil ich nicht anders kann; wenn er mich aber an einen Spion und Seelenverräter verschachern will, so geb' ich zuerst gute Worte, und helfen diese nicht, so zeig' ich, daß ich auch einen Willen hab'. Ich bin versehen und brauch' den Lenzener nicht!"

Die letzten Worte klangen noch unter dem Eingange; dann fiel die Thüre hinter ihr zu.

Ludwig sprang wieder auf und hielt die Hand an das brennende Gesicht.

„Hämmerlein, was thätet Ihr an meiner Stelle?"

Der Gefragte war selbst so erstaunt und erschrocken über das Verhalten des mutigen Kindes, daß es eine Weile dauerte, ehe er sich auf die beste Antwort besinnen konnte.

„Ich würde drüber lachen, Ludwig. Die Anna hat ihre Mucken; sie hält dich für verzagt. Hättest du sie unter vier Augen vorgenommen, so wäre die Antwort anders ausgefallen. Im übrigen aber bin ich der Vater und werde mein Wort halten, welches ich dir gegeben habe. Ist dir's recht?"

„Die Schelle ist nicht überzuckert gewesen, und mit einer Frau, die so dreinzuschlagen weiß, ist's besser man bedenkt sich vorher ein weniges. Aber, Hämmerlein, ich kann nicht dafür; ich bin einmal vernarrt in sie und will's versuchen. Hab' ich sie fest, so soll ihr das Beohrfeigen schon vergehen!"

„So ist's recht. Also in acht Wochen ist Hochzeit; hier noch einmal meine Hand darauf. Und nun erzähl'!"

„Das war nämlich so. Als Ihr kaum fort waret, kam einer, der war als Viehhändler gekleidet und hat nach einem Schleichwege zu Euch gefragt. Der Vater hat ihm geglaubt, daß er aus Clenze sei, und ihm den Weg gezeichnet. Ein Gast aber hat ihn erkannt, daß es der Dessauer war, der sich ja gern verkleidet im Volk herumzuschleichen pflegt. Und nun ist's gewiß, daß er Lunte von unserem Handel bekommen hat und uns einmal belauschen will. Er wird kommen und sicher ganz allein. Der Vater hat mich sofort herübergeschickt, um Euch Nachricht zu geben, und ist nach dem Markte gegangen, um ihn zu beobachten; denn der Alte ist erst zum Stadtkommandanten gegangen, dem er doch seine Ankunft anzeigen muß."

„Also ist's noch unsicher, ob er kommt?"

„Nein, er kommt gewiß; denn was der sich einmal vorgenommen hat, das führt er auch durch. Ich bin hierher geeilt, noch ehe der Vater zurück war; aber wir haben ausgemacht, daß er über die Elbe fahren und dem ersten hannöverschen Posten Bescheid sagen soll." „Wie war der Fürst gekleidet?"

Der Gastwirtssohn beschrieb ihn so genau wie möglich.

„Da ist er ja außerordentlich leicht zu erkennen. Nun muß ich gleich wieder zurück zum Major; der wird schöne Augen machen, wenn ich ihm eine solche Botschaft bringe. Du bleibst doch hier, bis ich zurückkomme?"

„Nein; ich darf's nicht wagen. Der Vater ist nicht daheim und ich auch fort; das könnte auffallen, zumal es sicher nicht verschwiegen bleibt, daß der Dessauer bei uns gewesen ist. Zudem machten sie mir schon vorhin an der Grenze große Schwierigkeiten. Ich hab' gesagt, ich müsse nach Schneckenburg, und bin nun auch gezwungen, dorthin zu reiten. Ich will jenseits über Lanz und Wustrow heimkehren. Botschaft braucht Ihr uns nicht extra zu geben, denn wir werden von selbst erfahren, wie's gegangen ist. Lebt wohl und setzt dem Mädchen nur ganz gehörig den Kopf zurecht!"

„Keine Sorge, mein Junge. Sie ist dein; dabei bleibt's."

Ludwig stieg auf und trabte von dannen. Hämmerlein aber schritt eilends dem Schlosse zu.

Die beiden Herren saßen noch immer plaudernd zusammen, als er gemeldet wurde.

„Der Hämmerlein wieder?" fragte Major von Zachwitz. „Hat er doch etwas vergessen! Er mag eintreten."

Der Wirt that dies mit einer so vergnügten und verheißungsvollen Miene, daß Zachwitz sofort fragte: „Nun, habt ihr wieder einen?"

„Noch nicht; aber er will ins Garn, Herr Major. Der Fährmann hat in so kurzer Zeit ganz prächtig Wort gehalten."

„So!" rief der Offizier sich erhebend. „Also etwas Höheres?"

„Nicht nur Höheres, sondern ganz und gar Hohes."

„Da macht Er mich wirklich neugierig! Wer ist's?"

„Ich bitte einmal gütigst zu raten."

„Führt zu nichts. Thue Er den Mund auf!"

„Wenn es nun ein Oberst wär', Herr Major?"

„Flunkere Er nicht, Hämmerlein."

„Oder vielleicht ein General?"

„Soll ich Ihn hinauswerfen lassen?"

„Oder gar ein Feldmarschall, zum Beispiel der Dessauer selber?"

„Kerl, ich lasse Ihn Spießruten laufen, wenn Er glaubt, seinen Spaß mit mir treiben zu dürfen!"

„Ich rede im vollen Ernst!"

„Dann ist er übergeschnappt!"

„Das sagte ich zu dem jungen Fährmann auch, als ich eben nach Hause kam und von ihm die Botschaft hörte."

„Der junge Fährmann? So ist also wirklich ein Fang angekündigt worden?"

„Ja, und ein Hauptfang, ein Kapitalfang, ein riesenmäßiger Fang. Was bekomme ich, Herr Major, wenn ich Euch wirklich noch heut' den Dessauer in die Hände liefere?"

„Hämmerlein, spricht er wirklich mit Verstand und Ueberlegung?"

„Mit voller Ueberlegung!"

„Hm, dem alten Schwerenöter ist es wirklich zuzutrauen, daß er einmal inkognito einen kleinen Abstecher wagt. Was meint Ihr, Baron?"

„Sagtet Ihr nicht vorhin erst, daß er inspizieren wolle und dies wohl auf seine bekannte Weise thun werde?"

„Richtig! Hämmerlein, ich zahle Ihm fünfzig, hundert, ja zweihundert Thaler, wenn Er mir zu diesem Fange verhilft!"

„Dreihundert, Herr Major, dreihundert rund, wenn er festsitzt, und jetzt außerdem zehn für den Boten, dem ich sie vorgeschossen habe."

„Er ist ein Jude, Hämmerlein!"

„Ich bin ein guter Christ und Hannoveraner. Gilt's? Ich spreche nicht eher."

„So mag es sein!" Er griff in die Tasche und zählte ihm die verlangte Summe hin. „Hier sind die zehn Thaler. Die dreihundert zahle ich Ihm aus, sobald ich den Alten haben. Nun rede Er!"

Der Wirt begann seinen Bericht, ließ weg, was die Klugheit ihm zu verschweigen gebot, und sprach ausführlicher als Ludwig, wo er es für nötig hielt.

Der Offizier folgte seinen Worten mit immer wachsender Spannung und wurde am Ende des Vortrages von seiner Aufregung im Zimmer auf und ab getrieben.

Es war nichts Kleines, was sich ihm da zu Ausführung bot. Er stand im Begriff, für ein Unternehmen sich zu entscheiden, dessen mögliche Folgen gar nicht abgesehen werden konnten, und durch welches er jedenfalls einen nicht geringen Grad von Verantwortlichkeit auf sich lud. Bald aber war er mit sich einig und drehte sich mit einer scharfen, raschen Schwenkung auf dem Absatz herum.

„Ich thu's! Er kann gehen, Hämmerlein. Bleibe Er aber zur Hand; es ist möglich, daß ich Ihn noch brauche. Und Ihr, Baron, erlaubt mir, die begonnene Unterhaltung später fortzusetzen. Ich habe meine Vorkehrungen zu treffen."

Der Wirt befand sich kaum einige Minuten daheim, so sah er eine Menge Ordonnanzen vor dem Quartier des Majors, welches zum

Schloß gehörte, auf die Pferde steigen und, nach verschiedenen Richtungen auseinander eilend, der Grenze zuzusprengen.

*

Ungefähr halbwegs zwischen Lenzen und Gartow steht mitten im Walde an der damals nur schwer fahrbaren Vicinalstraße eine einsame Schenke, die sich gegenwärtig allerdings etwas behäbiger präsentiert als zur Zeit der schlesischen Kriege und des siebenjährigen Krieges, wo die ausgedehnten Föhrenbestände dieser Gegend die Unwegsamkeit erhöhten und den Verkehr erschwerten.

Der Wirt war ein finsterer, verschlossener Mann, der jedem Gaste gab, was er verlangte, und dann außer der Zahlung nicht weiter um ihn sich bekümmerte. Er war nicht auf Rosen gebettet in seinem abgelegenen Hause und konnte erst seit kurzer Zeit von einer wesentlichen Einnahme erzählen, die er den soldatischen Gestalten zu verdanken hatte, welche jetzt vom frühen Morgen bis zum späten Abend in seiner niedrigen und verräucherten Stube saßen, aßen, tranken, rauchten, spielten und trotz ihrer immerwährenden Lustigkeit jeden, der ein bestimmtes Alter überschritten hatte, unangefochten ließen. Kam aber einer, der noch frisch ins Leben schaute, der saß gar bald, er wußte selbst nicht wie, mitten unter ihnen und war dann plötzlich verschwunden, ohne daß jemand ihn wieder zu sehen bekam.

Doch das ging den Wirt nichts an. Die Zeche wurde stets ordentlich entrichtet, und für das andere hatte er keine Augen.

Es war kurz nach Mittag, als ein Mann gemächlich die Straße dahergeschritten kam, dessen Angesicht beim Anblicke der Schenke sich bedeutend aufheiterte.

Sein Oberkörper war in einen blau-leinenen Kittel eingehüllt; die Beine staken in weit heraufgezogenen Aufschlagestiefeln und über die rechte Schulter war eine wuchtige Peitsche geschlungen. Er mochte die Sechzig längst überschritten haben; doch stand ihm der schwarze Schnurrwichs ganz martialisch zu Gesichte, und seine Bewegungen zeugten trotz ihrer Gemächlichkeit von Kraft und einer in diesem Alter nicht mehr häufigen Gewandtheit.

„Hm," brummte er schmunzelnd, „endlich finde ich so eine Hundebude, in der man sich den Straßenstaub hinunterspülen kann. Ich gehe hinein."

Seine Schritte wurden länger und schneller, und schon hatte er das Haus fast erreicht, als ein Bedenken in ihm aufzusteigen schien.

„Wer wohl in der Hütte stecken mag? Sie sieht mir ganz verdächtig aus. Vielleicht haben gar die kurfürstlichen Jacken hier Station und fragen mich nach diesem und jenem, was sie nicht zu wissen brauchen. Mordelement, da fällt mir etwas ein! Der Fährmann im 'Blauen Stern' hat ganz meine Statur, mein Alter und auch sonst noch einige Aehnlichkeit. Wenn der herüberkommt, den fressen sie nicht. Also: ich bin der Fährmann aus Lenzen."

Er trat ein. Ein Dutzend kräftiger Gestalten saß um eine lange Tafel herum und war teils mit Pfeife und Krug, teils auch mit einer schmutzigen Karte beschäftigt. Der Wirt hockte gähnend in der Ecke und hatte bei dem Lärm, den die Gäste vollführten, den Eintritt des neuen Ankömmlings nicht gehört.

Dieser trat an einen leeren Tisch, ließ sich auf einen der primitiven Sessel fallen, nahm die Peitsche herab und klopfte mit dem Griff derselben auf die Platte, daß es krachte.

„Heda, alte Schlafmütze, schaff' Bier!"

„Na - na -na - na, schlage Er mir nur den Tisch nicht entzwei. Wer so schreien kann wie Er, der ist noch lange nicht am Verdursten."

„Brrr, nicht gezankt, sondern eingeschenkt, wenn Sein Regenwasser zu trinken ist."

„Für Ihn ist's gut genug." „Meint Er? Hm, so zeige Er einmal her!"

Er setzte den Krug an den Mund und kostete, zog aber sofort ein Gesicht, als hätte er einen Igel verschluckt.

„Was ist denn das für eine Seifensiederlauge? Schaffe Er schnell einen Schnaps, sonst zerrt mich's auseinander!"

„Er scheint sich auch den Geier auf einen guten Schluck zu verstehen. Den Schnaps soll Er noch haben, sonst aber nicht weiter. Wer meine Getränke tadelt, der kann gehen, wohin es ihm beliebt, und meinetwegen die Gurgel mit Wagenschmiere sich einreiben."

„Hat Er ein Mundwerk! Wer da hineingerät, der hat am längsten gepfiffen. Sage Er mir doch einmal, wie lange man noch bis Gartow zu gehen hat?"

„Grad' so lange wie von Gartow bis hierher."

„So! Da will ich Ihm einen guten Rat geben: gehe Er doch zu Seinem Kurfüsten und lasse Er sich von ihm als Oberlandeswegweiser anstellen. Er wird Ehre damit einlegen, Er alter Bullenbeißer, Er! Hier hat Er sein Geld, und nun . . ."

Er hielt mitten in der Rede inne. Draußen vor dem Hause hielt ein kleines Detachement Dragoner. Der Offizier war abgesessen und stand, die letzten Worte vernehmend und den Sprecher mit scharfem Blicke musternd, bereits unter der Thüre. Die anderen Gäste hatten sich bei seinem Anblick respektvoll erhoben.

> **Detachement** wird nach dem Französischen jede von einem Truppencorps abgesendete kleinere Abtheilung genannt, und **detachiren** heißt daher, solche Abtheilungen zu irgend einem Zwecke abschicken, die auch, wenn sie einige hundert Mann stark sind, **detachirte Corps** genannt werden. **Detachirte Werke** heißen in größerer Entfernung von den Hauptwällen einer Festung einzeln liegende Außenwerke derselben, durch welche der Feind theils an zu großer Annäherung, theils an Besitznahme wichtiger Punkte verhindert werden soll und die auch den allgemeinen Namen Fort erhalten.
>
> **Dragoner, 1)** (fr. **Dragons**), ursprünglich eine Art berittener Infanterie, daher sie längere Feuergewehre, auch Trommeln u. selbst Grenadiercompagnien (aus denen später die Grenadiers à cheval entstanden), auch Bayonnets führten. Sie entstanden aus den spanischen u. französischen Arquebusirern zu Pferde um 1570. Den Namen sollen sie erhalten haben, weil die ersten D. in Frankreich in ihren Fahnen Drachen (Dragons) führten. Im Schlesischen Kriege verloren sie die Bestimmung, zu Fuß zu fechten, u. bilden jetzt in den meisten Armeen eine Mittelgattung zwischen den Kürassieren u. leichten Reitern. In neuester Zeit wurde vom Kaiser Nikolaus in Rußland noch einmal der Versuch gemacht, die D. (ein Corps von 8 Regimentern) gleichzeitig zu Fuß u. zu Pferde verwendbar zu machen; doch hat man dieses Corps seit 1856 ebenfalls wieder aufgelöst; **2)** die aus Mörsern geworfenen Pflastersteine; **3)** so v. w. Achselklappen.

„Wer spricht hier in dieser Weise von Seiner königlichen Majestät, unserem gestrengen und gnädigen Kurfürsten?"

„Ich, wenn's Euch beliebt, Herr Leutnant." „Und wer seid Ihr?"

„Wer hat das Recht, danach zu fragen?"

„Jetzt und zunächst ich! Darf ich um Antwort bitten?"

„Warum nicht? Der Gastwirt Fährmann aus Lenzen giebt sie Euch gern."
„Der … Gastwirt … Fährmann … aus Lenzen?" fragte der Offizier lächelnd. „Und was hat dieser hier zu suchen? Für einen Unterthan des Königs von Preußen ist es in den gegenwärtigen Zeitläufen gefährlich, die Grenze zu überschreiten. Habt Ihr einen von dem hiesigen Grenzkommando unterzeichneten Erlaubnisschein?"

„Hab' gar nicht an so ein Ding gedacht."

„So! Dem Gastwirt Fährmann wäre eine solche Nachlässigkeit nicht zu verzeihen; der Feldmarschall Fürst Leopold von Anhalt-Dessau Durchlaucht und Excellenz aber kann sich unmöglich zu solchen Kleinigkeiten bequemen. Excellenz, darf ich bitten, sich mir bis Gartow anzuschließen?"

„Donner und Doria, Leutnant, was soll das heißen?"

„Das soll heißen, daß die sämtliche Grenzmannschaft sich in Alarm befindet, um den hohen Gast, welcher uns angezeigt ist, würdig zu empfangen. Ich habe die Ehre, Excellenz mein Pferd zur Verfügung zu stellen."

„Das soll wohl heißen, daß ich gefangen bin, Er Schwerenöter?" brauste es unter dem Schnurrwichs hervor. „Wie kann Er sich denn einfallen lassen, den Gastwirt Fährmann für den … den … den …"

Preußische Dragoner. Von Historienmaler Richard Knötel (1857-1914).

„Durchlaucht," erwiderte der Angedonnerte fest, aber mit leise zukkendem Munde, „ein Gastwirt pflegt nicht einen Siegelring mit fürstlicher Krone und von solchem Werte zu tragen, wie ich ihn hier an diesem Finger bemerke, und der ‘Schwerenöter', den ich so eben hörte, ist mir ein eben so sicherer Beweis, daß ich mich nicht irre."

Der Offizier deutete bei diesen Worten auf die Hand des Verkleideten, an welcher der Ring glänzte. Der Bedrängte wendete sich zur Seite und warf einen Blick durch das Fenster. Draußen scharrte das Pferd des Leutnants ungeduldig mit den Hufen.

„Hm," brummte er leise vor sich hin.

„Der Hengst ist nicht schlecht. Ich werde ihn probieren."

Er warf sich auf den Leutnant, welcher eines so plötzlichen Angriffes nicht gewärtig war, schleuderte ihn zu Boden und sprang zur Thüre hinaus. Draußen ertönten einige rasche Fragen, dann laute Rufe. Der Offizier raffte sich empor und stürzte nach. Er kam gerade noch zur rechten Zeit, um einen der Seinigen vom Pferde zu ziehen, dieses selbst zu besteigen und dem kühnen Flüchtlinge nachzusprengen, der ventre à terre auf dem Rappen dahinjagte, ohne sich mit einem Blicke nach seinen Verfolgern umzusehen.

Der seines Tieres Beraubte trat zu den Gästen, welche auf die Straße geeilt waren und unter lebhaftem Schreien, Fluchen und Schimpfen die tolle Jagd beobachteten, bis eine Biegung der Straße sie ihren Augen entzog.

„Wißt Ihr, wer das war? Kein anderer als der Dessauer, der bei uns zu spionieren schleicht. Lange Stiefel, blauer Kittel, Treiberpeitsche, so ist er uns angesagt, und wir kamen eben her, um Euch Ordre zu bringen, jeden, der in dieser Kleidung hier einkehrt, festzunehmen und nach Schloß Gartow zu transportieren."

Diese Kunde vergrößerte die Aufregung nur, statt sie zu dämpfen. Man trat in die Stube zurück, um die unerhörte Neuigkeit durch einige frische Krüge verdaulicher zu machen, und es dauerte lange, ehe die Stimmen in gemäßigterem Tone durch die rissigen Fenster drangen.

Da nahte ein Zweiter dem Hause. Er trug einen blauleinenen Kittel, ging in lang heraufgezogenen Stiefeln und hatte eine zusammengenestelte Peitsche von der linken Achsel auf die rechte Hüfte niederhängen. Er mochte die Sechzig überschritten haben, doch zeigte der gewaltige Schnurrwichs noch sein volle Schwärze, und die dunklen Augen blitzten gar munter auf den einladenden Zweig, der über der Thüre der Schenke befestigt war.

„Hm," brummte er, hier könnte man sich den Urlaub anfeuchten, wenn man die gehörige Zeit dazu hätte; aber ich muß direkt nach Gartow zu dem Hämmerlein, dem Galgenstrick, um meine Dorchlaucht herauszuhauen, und da ... hm, zu einem Kruge bleibt mir doch wohl Zeit. Ich gehe hinein!

Als er in die Stube trat, richteten sich sofort aller Augen auf ihn und sämtliche Köpfe fuhren in Unheil verkündendem Geflüster zusammen.

„Rasch, Wirt, einen Krug!" befahl er und trat dann ans Fenster. Die Eile, welche er hatte, ließ ihn nicht ans Niedersetzen denken.

„Werber! Hol' mich der Kuckuck, das sind Werber!" murmelte er in den Bart. „Das Gelichter kennt man auf den ersten Blick. Wer aber bin ich denn eigentlich, wenn mich einer fragt? Hm, da kann ich in eine ganz abscheuliche Patsche geraten. Wenn ich wüßte, daß sie den Fährmann, der gewiß in gutem Rufe bei ihnen steht, nicht grad' persönlich ... Mordelement, ich bin der Wirt zum 'Blauen Stern'; basta punktum. Sie mögen mir nur kommen!"

Statt des Wirtes brachte einer der Werber den vollen Krug und setzte sich so in seine Nähe, daß er die Thüre deckte.

„Woher des Weges, Herr?" fragte er mit einer Stimme, welche zwischen Respekt und Strenge hin und her vibrierte.

„Von Lenzen," klang es kurz.

„Das ist bös; wer da herüberkommt, wird angehalten. Wir sind wohl da zu Hause?"

„Wir? Wer denn?"

„Nun, Ihr." „Ach so! Ja."

„Was habt Ihr für ein Zeichen?" „Gastwirt." „Und der Name?"

„Fährmann, Gastwirt Fährmann im 'Blauen Stern' zu Lenzen. Nun aber laß Er mich ungeschoren. Ich habe mehr zu thun, als Ihm den Katechismus aufzusagen!"

Er trank seinen Krug leer, zog den Mund bis an die Ohren und langte in die Tasche.

„Was bekommt Er für das Bier?"

Jetzt traten die anderen herbei.

„So weit sind wir noch nicht! Habt Ihr einen Passierschein aufzuweisen?"

Passierschein? Er hat wohl noch nicht recht ausgeschlafen. Ich bin passiert; wozu brauche ich da noch einen solchen Wisch?"

„So beweist uns wenigstens, daß Ihr wirklich der Gastwirt Fährmann seid."

„Beweisen? Wozu?" „Weil der Fährmann schon einmal dagewesen ist."

„Schon einmal ... hm, der Halun ... hm. Das ist nicht wahr! Bin ich's gewesen?"

„Nein."

„Na also, folglich war ich's nicht. Macht Platz, Ihr Schwerenöter, ich kann ..."

„Schwerenöter? Excellenz, ich muß ganz gehorsamst die Waffe ausbitten! Ew. Durchlaucht ... „

„Excellenz ... Durchlaucht ... Waffen ausbitten? Den Henker sollt Ihr haben, ihr Pack, aber nicht meine Waffen. Gebt Raum!"

Er machte Miene die Thüre zu gewinnen, sah sich aber augenblicklich umringt und festgehalten. Mit einem gewaltigen Rucke riß er sich los und zog die beiden Pistolen hervor. Schnell aber war er wieder gepackt; es entstand ein angestrengtes Ringen. Die Schüsse entluden sich, einige Schreie zeigten, daß sie getroffen hatte - aber, wie Heinz heut' zum Fürsten gesagt hatte: viele Hunde sind des Hasen Tod; er wurde übermannt und gefesselt. Die aufgeregten Männer nahmen wegen der Schüsse auf seinen vermeintlichen hohen Stand keine Rücksicht.

Nach kaum einer Viertelstunde saß er auf dem Holzwagen des Wirtes und wurde, von einer alten, mageren Mähre gezogen, unter vier Mann Bedeckung nach Gartow transportirt.

Der Wagen konnte noch nicht gar weit gekommen sein, da kam ein Dritter auf das Haus zugeschritten. Ueber dem blauen Leinwandkittel trug er eine Peitsche, und die langen Stiefel waren bis nahe an den Unterleib herangezogen. Er konnte die Sechzig überschritten haben, doch schien nicht dieses Alter, sondern ein anderer Umstand schuld an dem trüben, müden Ausdrucke seines Gesichtes zu sein.

„Hm", brummte er, indem er die Spitzen seines matt niederhängenden Schnurrbartes in die Höhe zog, „das nenne ich doch Glück beim Unglücke! Wäre ich daheim gewesen, so hätten sie mich weggeholt, und ich hinge vielleicht schon jetzt drei Ellen hoch am Stricke; so aber bin ich dem Dessauer nachgeschlichen, um Gewißheit zu haben, daß er auch wirklich herüber ist, und wurde bei der Heimkehr unterwegs gewarnt. Hätte ich nicht noch Zeit gefunden, beim Schwäher die Kleider zu wechseln, so hätte man mich erkannt und ich wäre gar nicht durchgekommen; so eng wie heut' ist die Linie noch nie besetzt gewesen. Nun aber weiß ich weder Rat noch That. Ich muß zum Hämmerlein; der wird zu helfen wissen. Vorher aber einen Trunk. Bin zwar noch nie in diesem Loche eingekehrt; aber Durst geht über Geschmack!"

Er trat ein und bestellte sich einen Krug Bier.

Die Anwesenden sahen sich beinahe verblüfft an und berieten leise über die Maßregeln, welche sie zu nehmen hätten. Endlich erhob sich einer und trat herbei.

„Gut Wetter heut', nicht?" „Hm, ja."

„Seid wohl schon weit gegangen?" „Nicht gar sehr weit."

„Woher?" „Von Lenzen." „Seid wohl da bekannt?"

„Bin da zu Hause."

„Kennt Ihr den Fährmann, den Wirt zum 'Blauen Stern'?"

„Den kenn' ich ganz genau; denn ich bin es zumal selber."

„Aha! Habt Ihr einen Passierschein bei Euch?" „Nein."

„Warum nicht?"

„Weil mein Geschäft so eilig war, daß ich mir keinen besorgen konnte."

„Wißt Ihr's schon von dem Dessauer?"

„Was? Daß er heimlich herüber ist?"

„Aha! Aber das wißt Ihr noch nicht, daß seit einer Stunde schon zwei Fährmänner aus dem 'Blauen Stern' hier eingekehrt sind?"

„Das ist nicht möglich!"

„Und Ihr seid der Dritte. Wie kommt es denn, daß Euch der Dreispitz zu klein und der Kittel zu kurz und zu weit ist, he?"

„Da müßt Ihr meinen Schneider fragen; ich kann nicht dafür."

„Wollt wohl auch nach Gartow, wie die anderen?"

„Ja, nach Gartow will ich."

„Das ist ja schön. Wir gehen mit."

Während dieser Verhandlung kam ein Vierter die Straße entlang. Er hielt sich stets am Saume des Waldes, als sei er jeden Augenblick bereit, sich hinter das Gebüsch desselben zurückzuziehen. In der Nähe der Schenke angekommen, schlug er sich in das Dickicht, bis er auf einen schmalen Waldpfad stieß, den er mit eiligen Schritten verfolgte.

Es war Bellheimer, den es nicht in Lenzen gelitten hatte. Er war über die Elbe gegangen und schlug nun den kürzesten Weg nach

Gartow ein, wo seine Gegenwart seiner Meinung nach von Nutzen sein konnte. Der Pfad war ein schnurgerader Richtweg, der die gewöhnliche Gehzeit fast um die Hälfte kürzte, so daß der kühne Wachtmeister gar bald den Waldessaum erreichte und nun den Flecken mit seinem Schlosse vor sich liegen sah.

Gartow im Jahre 1650.

Ein scharfer Blick über die Gegend zeigte ihm, daß er seinen gewöhnlichen Weg ohne Gefahr verfolgen könne; nur die unbetretenen Raine benutzend und seiner Gestalt die gebückte Haltung eines alten, müden Mannes gebend, schob der Vielverfolgte, dem bei einer etwaigen Erkennung jedenfalls Kampf und Gefangenschaft, vielleicht gar der Tod eines Spions drohte, sich zwischen den bereits abgeernteten Feldern hindurch bis an die hinteren Gartenzäune des Ortes. Denen entlang schlich er weiter, bis er eine Pforte erreichte, durch welche er nach vorherigem Spähen vorsichtig schlüpfte. Eine hochgewachsene Mädchengestalt war mit Trocknen der Wäsche beschäftigt.

„Pst, Anna!" klang es leise aus dem Buchengebüsch an ihr Ohr.

Sie drehte sich um. Eine Hand winkte zwischen den Blättern hervor. Erschrocken und erfreut zugleich trat sie näher.

„Heinrich, um Gotteswillen, du hier? Heut' und am hellen Tage!"

„Ich konnte nicht anders, Anna. Sprich, wo ist dein Vater?"

„Ach Gott, der liegt im Bette, ohne Verstand und Besinnung!"

„Was ist's mit ihm?" „Ich weiß es nicht. Als sie den ersten Dessauer brachten -"

„Dessauer? Den ersten?"

„Ja. Sie haben zwei gefangen und wissen nicht, welcher der richtige ist."

„Gefangen? Alle Wetter, also doch! Nun, dein Vater?"

„Da wurde er zum Major gerufen, und kurze Zeit darauf brachten sie ihn getragen. Ich hörte nur, daß er einen fürchterlichen Faustschlag erhalten hat."

„Ah - so! Sind Gäste drin?" „Kein Mensch." „Knecht und Magd?"

„In den Wald nach Streu gefahren."

„Der Ludwig aus dem 'Stern' war hier."

„Das weißt du? Er hat den Fürsten verraten und vom Vater dafür die Zusage, von mir aber eine gute Ohrfeige erhalten. Ach, Heinrich, was thue ich nur?"

„Bist mir wirklich gut, Anna?" „Ach, von Herzen!"

„So thue heut', was ich dir sage." „Ich will's!" „Auch wenn's schwer ist?"

„Auch dann. Es kann nicht mehr so fortgehen wie jetzt. Ich lasse lieber alles im Stiche und geh' fort, so weit meine Füße mich tragen."

„So soll es heut' fest werden. Komm mit herein zum Vater."

„Heinrich, das geht nicht! Wenn man dich ..."

„Vorwärts, Anna; ich weiß schon, was ich thu'!"

Er konnte getrost das Haus betreten: es war niemand vorhanden, der ihn hätte verraten können. Denn sämtliche Bewohner Gartows, die nicht durch Arbeit gebunden waren, befanden sich in der Nähe des Schlosses, um das unerhörte Ereignis zu beobachten, daß zwei Fürsten von Dessau gefangen seien, von denen doch nur einer der richtige sein konnte.

Der Major, welchem zwei Schwadronen zur Verfügung standen, hatte seine Vorkehrungen so gut getroffen, daß ihm der Erwartete nicht entgehen konnte. Als nun der betreffende Posten von Fährmann die Nachricht brachte, daß der Fürst wirklich unterwegs sei, wurde er seiner Sache ganz gewiß und kehrte zum Baron zurück, um in seiner Gesellschaft den hohen Arrestanten zu erwarten.

Da erklang Pferdegetrappel vom Hofe herauf; sporenklirrende Schritte ließen sich auf dem Korridor vernehmen, und unangemeldet trat ein schweißtriefender Offizier ein.

„Leutnant Helmerding, woher so eilig?" „Herr Major, wir haben ihr!"

„Wo?" rief dieser aufspringend.

„Unten im Hofe ... auf der Treppe ... nein, ich höre ihn schon draußen vor der Thüre!" „Laßt ihn eintreten. Das Nähere werde ich nachher wohl erfahren."

Der Leutnant stieß die Thüre auf und ließ den Gefangenen eintreten.

Der Major trat diesem respektvoll entgegen. „Durchlaucht, ich habe die höchst schätzenswerte Ehre …"

„Dummheit!" donnerte es ihm entgegen. „Verdammt große Ehre, einen Gastwirt aufzugreifen und für einen Fürsten zu halten!"

Der Major trat betroffen zurück. „Ein Gastwirt! Höre ich recht?"

„Frage Er nur Seine Leute. Wenn Er sich blamieren will, mich geht die Sache nichts mehr an!" Rasch war er an der Thüre zum Erkerzimmer, stieß diese auf, trat hinein, und im nächsten Augenblick bewies das Klirren von Schlüssel und Riegel, daß er sich eingeschlossen habe.

Der Major riß das Fenster auf, befahl zwei Mann Wache mit scharf geladenem Gewehr unter das Kabinett und ließ dann den Leutnant wieder eintreten, der einen ausführlichen Rapport abstatten mußte. Der Hengst hatte gestolpert und war unter seinem Reiter gestürzt, wodurch der letztere in die Hände seiner Verfolger geraten war.

Zachwitz befand sich in der größten Ratlosigkeit. Er konnte den Gefangenen weder vernehmen noch untersuchen lassen, da bei der Gewaltthätigkeit, welche dieser während des Transportes bewiesen hatte, von einem Aufsprengen der Thüre nichts Gutes zu erwarten war. Und für den Fall, daß es der Fürst doch sei, war ja die möglichste Rücksicht und Schonung geboten.

„Baron," sagte er diesen, „habt Ihr ihn wiedererkannt?"

„Hm, bin mir darüber noch sehr im Zweifel."

„Herr Leutnant, Ihr seid für jetzt entlassen. Der Hämmerlein soll kommen, aber schleunigst!"

Der Verlangte erschien nach kurzer Zeit.

„Er kennt doch den Fährmann ganz genau?"

„Das will ich meinen." „Beschreibe Er ihn mir."

Er that es. Das Signalement paßte genau auf den Gefangenen.

„Lasse Er sich eine Leiter geben," befahl der Major mit gedämpfter Stimme, „und steige Er einmal vorsichtig zum Erkerfenster empor, um einen Blick auf den Mann zu werfen. Das soll entscheiden."

Der Wirt folgte dem Gebote; kaum aber hatte er mit der Stirne die Fensterhöhe erreicht, so wurde ein Flügel schnell aufgerissen, und eine geballte Faust sauste mit solcher Wucht auf seinen Kopf hernieder, daß er an der Leiter herabrutschte und besinnungslos zur Erde stürzte.

Zachwitz wollte eben den Befehl erteilen, die Thüre nun doch aufzusprengen, als der verabschiedete Leutnant erschien.

„Halten zu Gnaden, Herr Major, ein zweiter Gefangener! Darf er eintreten?"

„Ein Zweiter? Herein mit ihm!"

Heinz trat ein. Er war an den Armen gebunden. Hinter ihm erschienen die Transporteure mit den beiden Pistolen.

„Einstweilen abtreten!" befahl er ihnen und wendete sich mit sichtlicher Unsicherheit an den Gefangenen.

„Wie kommt es, daß man Euch gefesselt hat?"

Heinz warf einen raschen Blick im Zimmer umher und sah die Thüre zur Erkerstube sich bewegen, in welcher, vom Major ungesehen, der Fürst erschien.

Dieser hatte den Kammerhusaren durch das Fenster bemerkt und leise geöffnet.

„Ja," antwortete er, „wie kommt es, daß man einen Gastwirt für einen Feldmarschall hält und ihn doch in schimpfliche Bande schlägt? Beantworte Er sich Seine kluge Frage selber!" Mit zwei Schritten war er draußen beim Fürsten, und im Nu klirrte das Schloß hinter ihm.

Zachwitz stand vollständig steif vor dem Baron, der auch das Oeffnen des Nebenraumes zu spät bemerkt hatte.

„Was sagt Ihr dazu, Herr von Bernstorff?" stieß er endlich hervor.

„Gar nichts, gar nichts; ich glaube, mir träumt es! Vernehmt einmal die Leute!"

Es geschah. Auch die Pistolen wurden untersucht und als jedenfalls dem Fürsten gehörig befunden. Welcher von beiden war der echte Leopold, wenn einer von ihnen es überhaupt war? Der Major beschloß, die Ankunft seiner beiden Rittmeister, welche auf Inspektion geritten waren, abzuwarten und dann mit ihnen das Nötige zu beraten. Noch aber war keiner von ihnen zurückgekehrt, als der dritte Gefangene gemeldet wurde.

„Ein Dritter! Das wird immer toller! Herein mit ihm?"

Fährmann trat ein. Zachwitz stellte sich vorsichtig zwischen ihn und die Nebenzimmerthüre.

„Wollt Ihr mir wohl . . ."

Er konnte nicht weiter sprechen. Zwei Fäuste faßten ihn von hinten, während er sah, daß der Arretierte von zwei anderen blitzschnell weggezogen wurde. Dann fühlte er sich frei, und als er sich umwendete, war die Thüre wieder verschlossen. Jetzt war es ihm wirklich unmöglich, ein schallendes Gelächter zurückzuhalten. Der Baron stimmte ein. Die Situation hatte trotz ihres Ernstes auch eine so komische Seite, daß sie unbedingt zum Lachen hinriß.

In dieser Lustigkeit wurden die beiden Männer durch die Rückkehr des einen Rittmeisters, dem bald auch der andere folgte, überrascht. Der sofort gebildete Rat verhörte zunächst die Begleiter des Sternwirtes und beschloß dann, die Thüre mit Gewalt zu öffnen und die Gefangenen, wenn die Vernehmung derselben zu keinem Resultate führte, unter hinreichender Bedeckung noch heute an das Hauptquartier abzuliefern.

Schon erhob sich der Major, um diesen Beschluß gemäß zu handeln, als die Tochter Hämmerleins gemeldet wurde. Sie konnte nur etwas auf die Sache Bezügliches bringen und wurde sofort vorgelassen.

„Herr Major," bat sie, „der Vater läßt um eine sofortige geheime Unterredung ersuchen. Er hat in Beziehung der Gefangenen eine wichtige Mitteilung zu machen."

„Gut, mein Kind! Hat er sich erholt?"

„So, daß er sprechen kann, ja."

„So sag', ich käme gleich. Meine Herren, ich kehre jedenfalls bald zurück und bitte, mit den beschlossenen Maßregeln bis dahin zu warten."

Die Unterredung mußte eine sehr wichtige sein; denn statt des Majors kam nach kurzer Zeit Anna wieder und bestellte im Auftrage des letzteren den älteren Rittmeister, dann nach einer Pause den jüngeren und endlich auch den Leutnant von Helmerding. Sie gingen nach einander und überließen die Aufsicht über das Gefangenenzimmer endlich dem Baron, welcher außerordentlich gespannt auf den Ausgang der Sache war und die Rückkehr der Offiziere mit Ungeduld erwartete.

Nach und nach wurde er unruhig. Er befand sich allein im Zimmer. Die Besatzung stand an der Grenze auf Posten oder war auf Patrouille abwesend; sämtliche dienstfreie Offiziere waren nach einander zu Hämmerlein gegangen und im Schlosse selbst gab es kaum ein Dutzend Soldaten, auf deren Beistand er rechnen konnte, wenn es den Gefangenen einfiel, ihr Zimmer zu verlassen.

Da klangen rasche Schritte auf dem Korridor; die Thüre ging auf, und ein junger Offizier in der Uniform eines Dragoner-Majors trat ein. Den Schloßherrn erblickend, fragte er, sich verbeugend: „Der Herr Baron von Bernstorff?"

„Derselbe! Und wer giebt mir die Ehre?"

„Der Wachtmeister Heinrich Bellheimer, Herr Baron, der sich nur einstweilen in die Kleidung des gefangenen Majors von Zachwitz geworfen hat, um Euch zu bedeuten, daß Ihr ein Kind des Todes seid, wenn Ihr zu mucksen wagt!"

Er zog eine Pistole hervor, schritt an dem erbleichenden und vor Schreck sprachlosen Manne vorüber und schlug an die Nebenzimmerthüre.

„Aufgemacht!"

„Werda?" brummte es von innen.

„Wachtmeister Bellheimer von Lenzen herüber!"

Das Schloß klang; es wurde vorsichtig geöffnet, und hinter einer kleinen Spalte erschien der Schnurrbart Heinzens.

„Mordelement, er ist's wirklich! Auf mit dem Loche!"

Er trat in das Zimmer, hinter ihm der Fürst. Bellheimer wendete sich an den letzteren: „Er ist der Lieferant Hillmann?"

„Wenn Er nichts dagegen hat!" klang es schnell entschlossen.

„Was will Er?"

„Seine Durchlaucht, der Herr Feldmarschall Excellenz hat erfahren, welche Gefahr Ihm einer eingebildeten Aehnlichkeit wegen droht, und mich mit einem Detachement herübergesendet, um Ihm aus der Klemme zu helfen. Nehme Er die geborgten Pistolen, die der Major von Zachwitz hier liegen gelassen hat, und komme Er mit mir. Vorwärts, Fährmann, heraus aus der Bude!"

Der Fürst und Heinz hatten sich in die Lage, auch ohne sie vollständig zu begreifen, sofort gefunden, und verließen das Gemach, ohne den Baron mit einem einzigen Blicke zu beachten. Fährmann wäre jedenfalls lieber zurück geblieben, hegte aber viel zu großen Respekt vor Bellheimers Pistole, als daß er sich hätte weigern mögen.

„Herr Baron, Ihr bleibt hier an dieser Stelle, bis ich wiederkehre!" befahl der Wachtmeister noch, und folgte dann dem Voranschreitenden nach.

Unten standen, von zwei Soldaten, gehalten, vier gesattelte Pferde.

Der Fürst machte dem Wachtmeister Augen, als wollte er ihn mit ihrem Blicke in Flammen setzen, saß aber mit Heinz sofort im Sattel.

„Kann Er reiten?" fragte Bellheimer den Sternwirt. „So steige Er auf! Ich voran, Er in der Mitte und die beiden da hinter Ihm!"

Im scharfen Trabe ging es vom Schlosse fort, durch den Flecken und hinaus ins freie Feld. Am Wege stand Anna mit einem kleinen Bündel in der Hand.

„Komm herauf zu mir!" meinte der Wachtmeister, indem er ihr die Hand entgegenstreckte.

„Was soll das Mädchen?" fragte Leopold. „Werd's nachher sagen."

Wieder vorwärts ging es so scharf wie möglich durch die Felder und den Wald, an der einsamen Schenke vorüber und immer weiter, ohne daß ein feindliches Wesen sich sehen ließ. So erreichte man endlich die Elbe unterhalb Mödlich. Ein Kahn lag hart am Wasser; es wurde abgestiegen. Bellheimer trat zum Fürsten.

„Darf Fährmann wissen, mit wem er gefangen war?" „Nein."

„So bitte ich, vorauszufahren. Ich komme mit ihm nach und werde ihn dem Herrn Oberstwachtmeister von Dennau abliefern."

„Und das Mädchen?" „Wird jetzt mit rudern und mir dann den Kahn herüber bringen." So geschah es.

Auch hier ließ sich kein Hannoveraner sehen. Drüben stand ein preußischer Posten. Er rief den Kahn an, bekam die Losung und ließ die beiden Männer passieren. Anna brachte das Fahrzeug zurück. Die Pferde wurden an den Stern gekoppelt, wo Bellheimer, das Steuer führend, sie beaufsichtigte. Fährmann mußte mit zum Ruder greifen; so gelangte man glücklich hinüber. Hier wurden die Tiere an das Gesträuch gebunden, um später abgeholt zu werden. Dann nahm Bellheimer seinen Gefangenen fest am Arme und schritt mit ihm und dem treuen Mädchen dem nahen Lenzen zu. Dort angekommen, fanden sie die Schwadron des Rittmeisters von Galen, welche zum Ausrücken bereit gewesen war, soeben aber den Befehl erhalten hatte, wieder abzusitzen.

Kaum hatte Bellheimer den Sternwirt abgeliefert, so wurde er zum Fürsten beordert. Er fand ihn allein.

„Bellheimer, Er Tausendschwerenöter, wie hat Er denn das alles fertig gebracht?" wurde er von ihm empfangen.

Der Wachtmeister erzählt alles von heute früh bis auf den letzten Augenblick. Anna hatte sich am Schlosse nach der Lage der Gefangenen erkundigen und dann die Offiziere holen müssen. Diese waren einzeln, wie sie kamen, von Bellheimer überwältigt worden. Den Major, welcher ähnlicher Statur mit ihm war, hatte er zum Kleiderwechsel gezwungen, ihn und seine Kameraden durch Fesseln unschädlich gemacht und sich dann auf das Schloß begeben, wo die in diesem Augenblick herrenlosen Soldaten seine Befehle, in der Meinung, er sei vom Hauptquartier gesendet, sofort respektiert hatten. Es waren ihrer nur wenige gewesen, deren Mehrzahl er mit Befehlen an die Außenposten gesandt hatte, um sich den Rückweg frei zu machen; die anderen hatten ihm die Pferde der vier mit Hämmerlein eingeschlossenen Offiziere satteln müssen.

Der Fürst hörte mit immer wachsender Verwunderung zu.

„Bellheimer, Er ist ein ganzer Kerl - Er ist ein ganz gefährlicher Hallunke, vor dem man sich in acht zu nehmen hat. Darum soll Er von heut' an stets in meiner Nähe sein. Will Er Leutnant werden?"

„Excellenz -"

„Schon gut! Er tritt aus dem Regiment und wird als Offizier mein Zeltmeister. Verstanden?"

„Zu Befehl, Excellenz! Ich weiß nicht, welche Worte . . ."

„Maul gehalten. Und sein Mädchen, das um Seinetwillen den Vater im Stiche gelassen, der allerdings den Strick verdient, soll auch mit mir zufrieden sein. Was sie heut' verloren hat, das soll ihr die Ausstattung wiederbringen, für die ich Sorge trage werde. Schicke Er sie bis zur Hochzeit nach Dessau. Ich will ihr ein paar Worte an meine Anne-Liese mitgeben die für sie sorgen wird. Den Sternwirt hat Er doch richtig abgeliefert?"

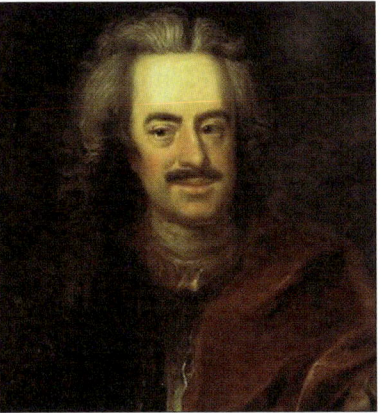

Mit der erwähnten *Anne-Liese* ist die Fürstin Anna Luise, geb. Föhse (1677-1754) gemeint, die Gemahlin des Fürsten Leopold I. (Bild: um 1676). Sie gebar ihm zwischen 1699 und 1720 fünf Söhne und fünf Töchter. Mit Sophie Eleonore Söldner (1710-1772) hatte der Fürst zwei „illegitime" Söhne.

„Zu Befehl, ja." „Schön. Dem will ich lehren, unsere Landeskinder an den Feind zu verkaufen! Spricht der Himmelhund heut' zu mir, der Dessauer stecke voller Grobheiten, wie der Hund voller Flöhe! Wart', er soll den feinsten Strick bekommen, der zu finden ist, und seinen Jungen, den Verräter, den werde ich bei der Parabel nehmen, daß ihm die Anna vergehen soll! Jetzt aber mache Er, daß Er fortkommt; Er weiß ja, was Er dem Bernstorff versprochen hat, sonst sitzt und schwitzt und wartet der auf Ihn bis zum jüngsten Tag."

Die Frau des Oberstwachtmeisters hatte sich Annas liebreich angenommen und ihr für jetzt ein Asyl bei sich eröffnet. Bellheimer mußte sich bei der freundlichen Dame bedanken. Dann aber ging's zu Heinz, der schon längst mit Ungeduld auf ihn gewartet hatte.

„Mord-Element, läßt Er ewig sitzen! Gleich komm Er her hier neben mich und erzähle Er, wie es Ihm gelungen ist, uns aus der Tinte herauszufischen." Der Bericht begann von neuem, und der alte brave Leibhusar war ein ebenso aufmerksamer Zuhörer wie der Fürst.

„Ist Er ein Mordkerl, Bellheimer! Ich bin Ihm immer gut gewesen, jetzt aber muß ich Ihn geradezu umarmen. So! Und nun will ich Ihm eins noch sagen, Wachtmeister …."

„Halt; es hat sich ausgewachtmeistert, Heinz." „Wie so?"

„Weil ich von jetzt an Zeltmeister Ihrer Durchlaucht mit Leutnants-Rang bin."

„Ist's wahr, Goldjunge? Viktoria, der Knoten ist gerissen! Wer weiß, was nun noch alles aus Ihm wird! Aber freilich, verdient hat Er's reichlich; denn kein Mensch darf wissen, in welch ein sauberes Loch wir uns geritten haben, und die Sache muß Geheimnis bleiben."

„Ich werde zu schweigen wissen." „Ja, ja, das weiß ich; aber das Mädchen, die Anna, der … Husar?" „Die ebenso wie ich."

„Will's hoffen! Er hat sich da etwas ganz Extrafeines herausgelesen, das muß man sagen. Das Mädel ist nett und sauber, grad' wie … wie die junge Witfrau, bei der wir damals Anno Vier in Quartier lagen, nämlich ich und die Dorchlaucht. Es ging damals gegen die Baiern und Franzosen, und sie hatte wahrhaftig ein Auge auf mich geworfen, so daß ich oft kaum wußte, wohin ich sehen sollte. Eines Tages nun stehe ich unter der Thüre und putze grad' mein Lederzeug, da kommt sie die Treppe herab und macht mir ein Gesicht, als ob es gleich zum Altare gehen sollte. Ich strecke auch schon alle zehn Finger nach ihr aus, da kommt es die Straße heraufgaloppiert, hält vor dem Hause, und wer steigt ab? - eine Ordonnanz vom Prinzen Eugenius, der den Befehl bringt, daß …"

„Darf ich eintreten?" fragte es da schüchtern am Eingange. Es war Anna, die den Geliebten suchte.

Heinz hatte Unglück mit dieser seiner Lieblingsgeschichte. Er brachte sie nie weiter als bis zu dem Befehle des Prinzen Eugenius; doch war er auch jetzt zu gutmütig, als daß er dem Störenfried hätte zürnen können.

Er nickte Anna vielmehr ganz freundlich zu und meinte: „Ja, kommen Sie nur immer herein, Jüngferchen; dem Wachtm … wollte sagen, dem Herrn Leutnant wird's heute Abend lieber sein als damals Anno Vier, und Ihr kleines Plapperment hört er gewiß zehnmal lieber, als die Beschreibung von meiner jungen Witfrau - die sich allerdings auch sehen lassen konnte."

**Ansicht der Stadt Lenzen im Jahr 1710.
Federzeichnung von Daniel Petzold (1686–1763) aus Görlitz.**

Die Erzählung *Die drei Feldmarschall* ist neben weiteren Humoresken von Karl May enthalten in dem Buch „Der Alte Dessauer"; Mays in Lenzen spielender früher Roman *Der beiden Quitzows letzte Fahrten* liegt unter dem Titel „Ritter und Rebellen" vor (Karl May's Gesammelte Werke Band 49 und 69, Karl-May-Verlag Bamberg-Radebeul).

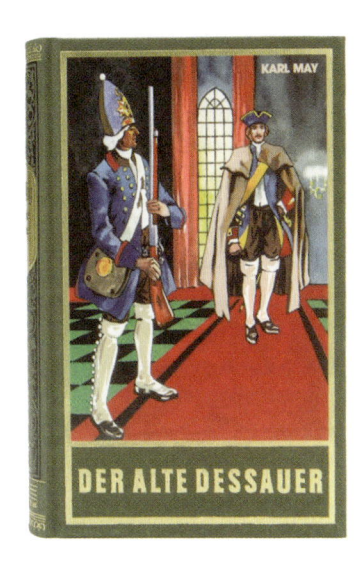

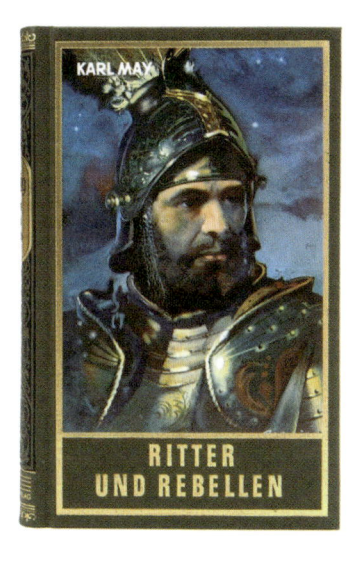

Danksagung

Für die Bereitstellung von Unterlagen, Fotografien und Auskünften gilt es Dank zu sagen an Heidrun Bade, Ev. Pfarramt Gartow; Eleonore Borchardt, Hans Borchardt †, Schnackenburg, OT Kapern; Hans Borchert, Bürgermeister der Gemeinde Lanz;Erich Butchereit, Fährbetrieb Lenzen; Elona Dreyer, Samtgemeinde Gartow; Christian Etzel, Lütkenwisch; Fred Fischer, Kolborn; Ulrich Flöter, Kapern; Carola Fuhrmann, Bremen; Gerd Gebert, Jameln; Ingeborg Geschwendt, Gartow; Rudolf Goldnau, Gartow; Georg Grüneberg, Genealogisches Archiv und Ahnenforschung, Lenzen; Erhard Gührs, Schnackenburg; Lutz Haas, Samtgemeinde Gartow; Mirko Hartleb, Bentwisch; Roderich Haug und Bernhard Schmid, Karl-May-Verlag Bamberg; Monika Franz und Günther Herbst, Angern; Dr. Matthias Herbst, Gartow; Horst Hingst, Vietze; Margit Hülsebeck, Bauamt Amtsverwaltung Lenzen-Elbtalaue; Torsten Jacob, Stadtbetrieb Lenzen; Christian Järnecke, Samtgemeinde Gartow; Iris und Karl-Werner Junack, Nebenstedt; Theis Klußmeier, Hamburg; Andreas Koch, Bürgermeister der Stadt Schnackenburg; Arndt Köhler, Ev.-luth. Kirchenbuchamt/Stadtkirchenarchiv Hildesheim; Burghard Kulow, Lüchow; Steffen Langusch, Stadtarchiv Salzwedel; H.-Erich Lewerenz, Steesow; Dr. Rolf Meyer, Wustrow; Marina Michalski, Pfarramt Gartow; Heinz Neumann, Burgdorf/Hannover; Joachim Nogens, Samtgemeinde Gartow; Kerstin Orantek, Leipzig; Doris Otto, Ev. Pfarramt Schnackenburg; Beate Paesler, „Gasthof Paesler", Lanz; Otto Puffahrt, Lüneburg; Jenny Raeder, Museumsverbund Lüchow-Dannenberg; Brunhilde Reinecke, Gartow; Jürgen Röhrs, Seevetal; Wolfram Runkel, Hamburg; Dieter Sander, Gartow; Karsten Sander, Gartow; Torsten Schoepe, Schellerten; Dr. Michael Schütz, Stadtarchiv Hildesheim; Rolf Sieffert, Salzwedel; Gabriele Steinbrenner, Tourist-Information Lenzen; Christian Steinkopf, Bürgermeister der Stadt Lenzen; Hans-Dieter Steinmetz, Dresden; Hans Martin Ulrich, Gartow; Gertrud Vanselow, Lenzen; Horst Waldow, Gartow; Doris Wiesner, Lenzen; Horst Wirth, Gartow.

Bildnachweise

Alte Nationalgalerie, Berlin (Original): 113; Amt Lenzen-Elbtalaue: 25 (l.); Burgmuseum Lenzen: 23 (o.), 28 (o.), 122; Kerstin Beck, Schnackenburg: 6, 17 (Zeitung); 20 (o.), 21, 25 (m., u.), 28 (m.), 34, 35, 48 (u.), 69 (u.), 70 (u.), 72, 76, 77 (Annonce), 88 (r.), 89 (r.), 90, 91 (o.), 92 (o.), 97, 98, 100, 101 (u.), 103 (o.), 104 (m., u. l.), 106 (u.), 107, 172 (o. – Fotografie); Eleonore Borchardt, Hans Borchardt †, Schnackenburg, OT Kapern: 64 (o.), 95, 96; Brandenburgisches Landeshauptarchiv, Potsdam: 130; Erich Butchereit, Lenzen: 30; Wolf-Rüdiger Dogs, Dessau-Roßlau: 119; Otto Ebel †, Weinheim: 99; Christian Etzel, Lütkenwisch: 17, 19 (u.); Fred Fischer, Kolborn: 65; Gemäldegalerie der Akademie der bildenden Künste, Wien (Original): 121 (o.); Gerd Gebert, Jameln: 16 (o.); Genealogisches Archiv Georg Grüneberg, Lenzen: 22 (u.), 25 (o.), 28 (u.); Gräfliches von Bernstorff'sches Archiv Gartow: 8, 55-58, 146; Matthias Herbst: 43 (Herbst); Gemeindeverwaltung Lanz: 20 (u.); Heimatmuseum Vietze: 33, 37, 43 (Bardien, Krug), 53 (u.), 61; Iris und Karl-Werner Junack, Nebenstedt: 43 (Junack), 44 (u.), 92, 94; Karl-May-Museum, Radebeul: 40, 64 (u.), 75; Gerhard Klußmeier, Rosengarten: 9, 10 (m., u.), 12, 14, 26, 29, 31, 32 (u.), 47, 53 (o. l.), 54 (o.), 78, 80 (o.), 81, 82, 83, 91 (u.), 101 (o.), 102, 103 (u.), 104 (o., u. r.), 114, 115, 117, 118, 120, 130 (o.), 132, 135, 137, 138, 143, 144, 145, 156, 157, 162, 166; Bahnhof Heringsdorf: 17 (Wagen); National Portrait Gallery, London (Original): 121 (u.); Pfarrarchiv Holtorf: 104 (o.); Otto Puffahrt, Lüneburg: 44 (m.); Jürgen Röhrs, Seevetal: 36 (m., u.), 43 (Röhrs), 50, 53 (o. r.), 59; Archiv der Verlegerfamilie Schmid, Bamberg (Karl-May-Verlag): Frontispiz, 7, 10 (o.), 15, 18 (May), 22 (o., m.), 27 (o.), 32 (o.), 43 (May), 45, 46, 70 (o.), 85, 86 (o.), 87, 110, 171 (u.); Dieter Sander, Gartow: 54 (u.), 74; Rolf Sieffert, Salzwedel: 108; Staatliche Museen zu Berlin, Alte Nationalgalerie (Original): 128; Stadtarchiv Salzwedel: 60, 62, 79, 80 (u.); Stadt Schnackenburg: 69 (o.); Unbekannt: 122, 126, 131, 169; Waffen-Frank GmbH, Mainz (Internet-Katalog): 142; Wendland-Archiv Torsten Schoepe, Schellerten: 5, 11, 16 (u.), 19 (o.), 36 (o.), 38, 49, 63, 86 (u.), 88 (l.), 89 (l.).

Anmerkungen
1. Gerhard Klußmeier: Nachgefragt – Karl Mays Reise nach Gartow. In „Karl May Haus Information" Nummer 24, Hohenstein-Ernstthal Januar 2011
2 Flecken, Benennung für kleinere, lokal bedeutende Ansiedlungen. (franz. Bourg, engl. Borough, Country- oder market-town), Mittelart zwischen Stadt und Dorf; früher Bezeichnung für solche Ortschaften, die ursprünglich Dörfer waren, aber einzelne städtische Privilegien (Marktrecht z.B.) erlangt hatten.
3. Karl May: Briefwechsel mit Friedrich Ernst Fehsenfeld (I), Karl-May-Verlag Bamberg/Radebeul, 2007, Seite 93 f.
4. wie Anmerkung 3, Seite 249
5. Dieter Sudhoff/Hans-Dieter Steinmetz: Karl-May-Chronik (II); Karl-May-Verlag Bamburg-Radebei, 2005, Seite 138
6. Die 1874 eingerichtete Eisenbahnstrecke Wittenberge – Lenzen – Dömitz – Lüneburg wurde ab Oktober 1947 im Zuge der Reparationsleistungen an die Sowjetunion abgebaut.
7. Rudolf Haberland: Geschichte des Grenzgebietes Gartow-Schnackenburg, Lüchow 1961, Neuauflage 1988, Seite 245 (dort mit falscher Jahreszahl zur Eröffnung).
8. Jahrbuch der Karl-May-Gesellschaft 1971, Seite 262. Das vollendete Gedicht trägt den Titel *Zuversicht* in der Gedichtsammlung *Himmelsgedanken*, Freiburg o. J. (1900), S. 197. Heute in „Lichte Höhen", Karl Mays Gesammelte Werke, Band 49, Karl-May-Verlag Bamberg-Radebeul, Seite 147
9. Karl May: *Am Jenseits*, Freiburg 1899, Seite 87-91.
10. zitiert nach Dokumenten aus dem Gräflichen von Bernstorff'schen Archiv Gartow „Medizinal-Angelegenheiten"
11. Rudolf Haberland a. a. O. Seite 267
12. Thekla von Bernstorff (1810-1884) hatte 1844 das Krankenhaus begründet.
13. Heimatbote, Gartow, 6/1935, Seite 32/33
14. Zitiert nach dem Jahrbuch der Karl-May-Gesellschaft 1971, Seite 268, Anm. 19
15. wie 5, Seite 144
16. Gerhard Klußmeier-Hainer Plaul: Karl May und seine Zeit. Bilder, Dokumente, Texte. Karl-May-verlag Bamberg-Radebeul 2007, Seite 353
17. Die Briefe von Carl Ball sind verwahrt im Archiv des Karl-May-Verlags, Bamberg
18. Rudolf Haberland a. a. O. Seite 324
19. Wahrscheinlich Ernst Wehde, dieser wurde am 16. August 1881 in Berlin geboren. Vorgebildet wurde er zunächst auf eine Privatschule, dann auf der IV. Städtischen Realschule und zuletzt auf der Friedrichs-Werderschen Oberrealschule zu Berlin. Von Michaelis 1900 bis Ostern 1904 studierte er an der Universität Berlin Mathematik und Naturwissenschaften und bestand im Juni 1906 die Staatsprüfung. Das Seminarjahr leistete er an der Friedrichs-Werderschen Oberrealschule zu Berlin, das Probejahr an der Oberrealschule zu Charlottenburg ab. Michaelis 1908 wurde er als Oberlehrer an die 1. Realschule zu Berlin berufen. – Aus: Programm Berlin 1. Realschule 1909.